dtv
Reihe Hanser

Der Adventskalender – jeder kennt ihn. Gefüllt mit Schokolade oder kleinen Bildern. Doch eines bleibt immer gleich, der Kitzel, die Tür zum nächsten Tag endlich zu öffnen. In diesem Adventskalender gibt es für jeden Tag eine Geschichte. Mit ganz unterschiedlichen Bildern. Geschichten, erzählt von Jostein Gaarder, Jutta Richter, Tilde Michels, Franz Hohler, Klaus Kordon, Marjaleena Lembke, Barbara Veit und vielen anderen mehr. Eben genau 24.

Hannelore Westhoff, 1962 geboren, lebt in München. Sie veröffentlichte zahlreiche Anthologien für Kinder.

Draußen gibt's ein Schneegestöber

24 Adventskalender-Geschichten

Herausgegeben
von Hannelore Westhoff

Deutscher Taschenbuch Verlag

Originalausgabe
In neuer Rechtschreibung
Oktober 2000
6. Auflage Oktober 2003
Deutscher Taschenbuch Verlag GmbH & Co. KG,
München
www.dtv.de
Umschlagbild und Illustrationen: © Quint Buchholz, Ottobrunn
Satz: Fotosatz Reinhard Amann, Aichstetten
Gesetzt aus der Sabon 10,5/12· (QuarkXPress)
Druck und Bindung: Druckerei C. H. Beck, Nördlingen
Gedruckt auf säurefreiem, chlorfrei gebleichtem Papier
Printed in Germany · ISBN 3-423-62039-0

1.

Jostein Gaarder

Der Adventskalender

Es war in der Abenddämmerung. Die Weihnachtsbeleuchtung war eingeschaltet, dicke Schneeflocken tanzten zwischen den Lichtern. Auf den Straßen wimmelte es von Menschen.

Zwischen all den Eilenden gingen auch Papa und Joachim. Sie waren in die Stadt gefahren, um einen Adventskalender zu kaufen – leider aber erst in allerletzter Minute. Morgen war schon der 1. Dezember. Am Kiosk und in dem großen Buchladen am Marktplatz waren die Adventskalender schon ausverkauft.

Doch plötzlich zerrte Joachim an Papas Hand und zeigte auf ein kleines Schaufenster. An einem Bücherstapel lehnte ein grellbunter Kalender.

»Da!«, sagte Joachim.

Papa drehte sich um.

»Gerettet!«

Sie betraten den winzig kleinen Buchladen. Joachim fand alles darin alt und heruntergekommen. Die Wände waren vom Boden bis zur Decke mit Bücherregalen zugestellt und in sämtlichen Regalen reihten sich die Bücher dicht an dicht. Kaum zwei davon sahen sich gleich.

Auf dem Ladentisch lag ein ganzer Stapel Adventskalender. Es gab zwei Sorten. Der eine Kalender zeigte vorn einen Weihnachtsmann mit Rentier und Schlitten. Auf dem anderen war eine Scheune zu sehen, in der ein winzig kleiner Weihnachtsmann aus einer großen Schüssel aß.

Papa hielt die beiden Kalender hoch.

»In dem hier sind Schokoladenfiguren«, sagte er. »Das

findet der Zahnarzt wahrscheinlich nicht so gut. Im andern sind Plastikpüppchen.«

Joachim betrachtete die beiden Kalender. Er konnte sich nicht entscheiden.

»Als ich klein war, war das alles ganz anders«, sagte sein Vater.

Joachim blickte zu ihm hoch. Das wollte er doch gern genauer wissen.

»Und wie?«

»Damals war immer nur ein kleines Bild unter den Klappen des Kalenders, für jeden Tag eins. Aber wir waren trotzdem jeden Morgen von neuem gespannt. Wir haben immer erst zu raten versucht, was für ein Bild wohl als Nächstes kommen würde. Und dann ... ja, danach haben wir dann die Klappe *aufgemacht*. Es war, als ob wir die Tür zu einer anderen Welt öffneten.«

Joachim hatte plötzlich etwas entdeckt. Er zeigte auf eines der Bücherregale.

»Da ist noch einer.«

Er lief hinüber, holte den Adventskalender und hielt ihn seinem Vater entgegen. Der Kalender hatte vorn ein Bild von Josef und Maria, die sich über das Jesuskind in der Krippe beugten. Im Hintergrund knieten die drei Weisen aus dem Morgenland. Vor dem Stall standen die Hirten mit ihren Schafen und vom Himmel schwebten die Engel herab. Einer von ihnen blies eine Trompete.

Die Farben des Kalenders waren blass, als ob er einen Sommer lang in der Sonne gelegen hätte. Aber das Bild war so schön, dass Joachim beim Angucken fast ein bisschen traurig wurde.

»Den will ich«, sagte er.

Papa lächelte.

»Der ist bestimmt unverkäuflich. Ich fürchte, der ist sehr alt. Kann sein, so alt wie ich.«

Joachim ließ nicht locker.

»Die Türchen sind alle noch zu.«

»Der steht nur zur Dekoration.«

Joachim konnte den Blick nicht von dem alten Adventskalender wenden.

»Den will ich«, rief er noch einmal. »Den, der nur einmal da ist.«

Jetzt erschien der Ladenbesitzer. Es war ein weißhaariger Mann. Er machte große Augen, als er den Adventskalender sah, den Joachim in der Hand hielt.

»Ein wunderschönes Stück!«, sagte er. »Und noch … ja, noch ganz im Originalzustand. Er sieht beinah handgefertigt aus.«

»Mein Sohn möchte ihn kaufen«, erklärte Papa und zeigte auf Joachim. »Ich versuche, ihm zu erklären, dass er wohl unverkäuflich ist.«

Der weißhaarige Mann hob die Augenbrauen.

»Sie haben ihn … hier im Laden gefunden? Ich habe so einen Kalender seit Jahren nicht gesehen.«

»Er stand da vor den Büchern«, sagte Joachim und zeigte auf das Regal.

Der Buchhändler nickte.

»Das war wohl wieder der alte Johannes.«

Papa musterte den weißhaarigen Mann.

»Der alte Johannes?«

»Ja, ein komischer Vogel … er verkauft auf dem Markt Rosen, aber niemand weiß, wo er sie herhat. Manchmal kommt er zu mir in den Laden und bittet um ein Glas Wasser. Im Sommer, wenn es heiß ist, gießt er sich schon mal den Rest über den Kopf, ehe er wieder geht. Zweimal hat er auch mich mit ein paar Tropfen bespritzt.«

Papa nickte und der Weißhaarige fuhr fort:

»Als Dank für das Wasser legt er ab und zu ein oder zwei Rosen auf den Ladentisch … oder stellt ein altes Buch ins Regal. Einmal hat er das Bild einer jungen Frau ins Schaufenster gestellt. Es stammte aus einem fernen

Land. Vielleicht kommt er ja selber daher. Auf dem Bild stand: Elisabet.«

Papa blickte dem Buchhändler in die Augen.

»Und jetzt hat er einen Adventskalender hinterlassen?«

»Sieht so aus.«

»Auf dem Kalender steht was«, sagte Joachim. Er las laut vor: »MAGISCHER ADVENTSKALENDER. PREIS: 75 ÖRE.«

Der Ladenbesitzer nickte.

»Dann muss er schon sehr alt sein.«

»Kann ich ihn für 75 Öre haben?«, fragte Joachim.

Der weißhaarige Mann lachte.

»Ich glaube, du kannst ihn umsonst haben. Bestimmt hat ihn der alte Johannes genau für dich da hingestellt.«

»Tausend Millionen Dank«, antwortete Joachim, der schon mit dem Kalender unterwegs aus dem Laden war.

Papa gab dem Buchhändler die Hand und gleich darauf stand auch er wieder auf der Straße.

Joachim drückte den Kalender an sich.

»Morgen mach ich ihn auf«, sagte er.

In der Nacht wurde Joachim immer wieder wach. Er dachte an den weißhaarigen Buchhändler und an Johannes mit den Rosen, die er auf dem Markt verkaufte. Einmal ging Joachim ins Badezimmer und trank Wasser aus dem Hahn. In dem Moment fiel ihm wieder ein, dass sich Johannes angeblich Wasser über den Kopf gegossen hatte.

Vor allem dachte Joachim aber an den magischen Adventskalender, der mindestens so alt wie Papa war. Merkwürdig war nur, dass trotz dieses Alters niemals jemand die Türchen geöffnet hatte. Vor dem Schlafengehen hatte Joachim immer wieder alle Klappen von 1 bis 24 betrachtet. Für Heiligabend war das Türchen viermal so groß wie die anderen. Es reichte fast über die ganze Krippe im Stall.

Wo hatte nur der magische Adventskalender über vierzig Jahre verbracht? Und was würde passieren, wenn Joachim in ein paar Stunden die erste Klappe öffnete? Sie hatten den Kalender über sein Bett gehängt.

Als er wieder wach wurde und der Wecker sieben Uhr zeigte, stand Joachim auf und versuchte, das erste Türchen zu öffnen. Er war so nervös, dass er das Türchen kaum zu fassen kriegte. Schließlich gelang es ihm aber doch, eine Ecke loszupulen, danach ging alles ganz leicht.

Joachim starrte auf das Bild eines Spielwarenladens. Zwischen den Spielsachen und den Menschen davor standen ein kleines Lamm und ein Mädchen. Doch er konnte sich das Bild gar nicht genau ansehen, denn beim Öffnen des Türchens war etwas auf sein Bett gefallen. Er bückte sich und hob es auf.

Es war ein dünner, viele Male zusammengefalteter Zettel. Als er ihn auseinander faltete, sah er, dass auf beiden Seiten etwas geschrieben stand. Er versuchte die winzige Schrift zu entziffern und las:

Das Glockenlamm

»Elisabet!«, rief die Mutter hinter ihr her.

Elisabet Hansen hatte den großen Haufen Teddys und Kuscheltiere angestarrt, während ihre Mutter nach Weihnachtsgeschenken für die Cousinen suchte. Plötzlich sprang ein kleines Lamm aus dem großen Haufen. Es sprang auf den Boden und schaute sich um. Am Hals trug es eine Glocke, die jetzt mit den Registrierkassen um die Wette bimmelte.

Ein Kuscheltier mit einer Glocke um den Hals hatte Elisabet schon oft gesehen. Aber wie konnte ein Stofftier plötzlich lebendig werden? Elisabet war so verblüfft, dass sie einfach hinter dem Lamm herrannte, quer durch den Laden auf die Rolltreppe zu.

»Komm her, mein Lämmchen!«, lockte sie.

Bald stand das Glockenlamm auf der Rolltreppe, die zum nächsten Stockwerk hinunterführte. Die Treppe bewegte sich ziemlich schnell und das Lamm war noch ein bisschen schneller. Elisabet musste jetzt also schneller sein als Rolltreppe und Lamm zusammen, wenn sie das Lamm noch einholen wollte.

»Komm jetzt, Elisabet!«, sagte in dem Moment ihre Mutter mit mürrischer Stimme.

Aber Elisabet war schon auf die Rolltreppe gesprungen. Sie sah, dass das Lamm durch das Erdgeschoss wanderte, wo Unterwäsche und Schlipse verkauft wurden.

Sobald sie wieder festen Boden unter den Füßen hatte, lief sie in dieselbe Richtung wie das Lamm. Das hatte jetzt schon die Straße erreicht, wo die Schneeflocken zwischen den vielen Weihnachtslichtern tanzten, die an dünnen Drähten über die Straße hingen. Elisabet stieß ein Gestell mit Winterhandschuhen um und stürzte hinter dem Lamm her.

Draußen im Straßenlärm konnte sie kaum noch hören, ob im Kirkeveien eine Glocke bimmelte. Aber Elisabet gab nicht auf. Sie war fest entschlossen, dem Lamm das weiche Fell zu streicheln.

»Komm her, mein Lämmchen!«

Das Glockenlamm lief bei Rot über die Kreuzung.

Vielleicht glaubte es, Rot bedeutete gehen und Grün stehen bleiben. Elisabet meinte sogar in der Schule gelernt zu haben, dass Schafe farbenblind sind. Jedenfalls blieb das Lamm nicht bei Rot stehen. Deshalb konnte auch Elisabet nicht warten. Sie wollte unbedingt das Lamm einholen, und wenn sie ihm bis ans Ende der Welt folgen müsste.

Autos hupten, ein Motorrad konnte nur noch auf den Bürgersteig ausweichen, um weder Elisabet noch das Glockenlamm zu überfahren. Die Menschen, die unterwegs waren, um Geschenke einzukaufen, rissen die Augen auf. Schließlich rannte nicht jeden Tag ein kleines Mädchen bei Rot über den Kirkeveien, um ein Lamm einzuholen, das aus dem Kaufhaus geflohen war. Überhaupt kam es nicht sehr häufig vor, dass irgendwer mitten im Winter in der Stadt ein Lamm verfolgte.

Im Laufen hörte Elisabet die Kirchturmuhr dreimal läuten. Das war merkwürdig, denn sie wusste, dass sie mit dem Fünfuhrbus in die Stadt gekommen war. Vielleicht hatten die Zeiger es satt, Jahr um Jahr denselben Weg zurückzulegen, weshalb sie plötzlich die Gegenrichtung einschlugen. Elisabet überlegte sich, dass auch Uhren es langweilig finden könnten, bis in alle Ewigkeit immer dasselbe zu tun.

Aber das war noch nicht alles. Als Elisabet in das Kaufhaus gegangen war, war es fast dunkel gewesen. Jetzt war es plötzlich wieder hell. Das war doch sehr seltsam, schließlich war zwischendurch nicht Nacht gewesen.

In diesem Moment entdeckte das Lamm einen Weg, der aus der Stadt hinausführte, und lief auf ein Wäldchen zu. Dort sprang es in einen Hohlweg mit hohen Fichten darüber. Jetzt wurde das Lamm ein bisschen langsamer, denn der Pfad war in den letzten Tagen dick zugeschneit.

Elisabet lief hinterher. Auch ihr machte das Laufen jetzt Mühe. Aber das Lamm hatte vier Beine, die im Schnee stecken blieben, sie selber nur zwei. Vielleicht würde dieser Vorteil helfen, den Vorsprung des Lamms aufzuholen.

Die Rufe ihrer Mutter waren längst nicht mehr zu hören. Aber etwas sang noch immer in ihren Ohren:

»Sollen wir lieber dies hier oder das da kaufen? Was meinst du, Elisabet? Oder besser beides?«

Vielleicht war das Lamm lebendig geworden und aus dem Kaufhaus fortgelaufen, weil es die vielen Registrierkassen und das ganze Einkaufsgeschwätz nicht mehr ertragen konnte. Vielleicht lief Elisabet aus dem gleichen Grund hinter ihm her. Sie war noch nie gern einkaufen gegangen.

Joachim blickte von dem dünnen Zettel auf, der aus dem magischen Adventskalender gefallen war. Was er gelesen hatte, war so erstaunlich, dass er beim Lesen mit halb offenem Mund dagesessen hatte.

Er hatte Geheimnisse schon immer toll gefunden. Jetzt fiel ihm die kleine Schatulle mit dem Schlüssel ein, die seine Großmutter ihm mal aus Polen mitgebracht hatte. Mama und Papa hatten ihm damals feierlich versprochen, nie nach dem Schlüssel zu suchen und die Schatulle zu öffnen, wenn Joachim schlief oder in der Schule war. Das wäre genauso schlimm wie fremde Briefe zu lesen, hatten sie gesagt.

Bis heute hatte Joachim aber überhaupt keine richtigen Geheimnisse gehabt, die sich lohnten, in der Schatulle verschlossen zu werden. Doch nun tat er den dünnen Zettel aus dem Adventskalender hinein, drehte den Schlüssel um und schob ihn sorgsam unter sein Kopfkissen.

Als seine Eltern aufwachten und auch den Adventskalender sehen wollten, zeigte er ihnen nur das Bild mit dem Lamm im großen Kaufhaus.

»Ach, weißt du noch?«, sagte Mama und sah Papa an. »Genau wie damals, als wir klein waren.«

Papa nickte.

»Da konnten wir uns in das Bildchen hineinträumen und dann den Rest selber dazudichten. Das war viel besser als all die Plastikpüppchen heute, die früher oder später ja doch nur vom Staubsauger verschluckt werden.«

Etwas in Joachim lachte. Nur er wusste, dass im Kalender ein geheimnisvoller Zettel verborgen gewesen war.

Er zeigte auf das Glockenlamm und sagte:

»Das Lamm ist aus dem Laden weggelaufen, weil es die vielen Registrierkassen und das ganze Einkaufsgeschwätz nicht mehr hören konnte. Aber ein kleines Mädchen, das Elisabet heißt, rennt hinter ihm her, weil es sein weiches Fell streicheln will.«

»Hab ich's nicht gesagt«, nickte Papa. »Was soll unser Junge mit Plastikpüppchen?«

Im Lauf des Tages überlegte Joachim immer wieder, ob Elisabet das Lamm wohl einholen würde, um ihm das Fell zu streicheln. Ob er es morgen erfahren würde?

Dann würde es doch wohl wieder einen dünnen Zettel geben?

2.

Jan Koneffke

Schlittenfahrt

Wie in allen Jahren vorher haben sich meine Eltern am ersten Adventssonntag gestritten.

Als meine Mutter die zweite der vier roten Kerzen zwischen den vier roten Bändern am Adventskranz hat anstecken wollen, hat mein Vater, wie in allen Jahren vorher, »Halt!« gerufen, »wir dürfen bloß eine Kerze abbrennen.«

»Wieso?«, hat meine Mutter, wie in allen Jahren vorher, gefragt, obwohl sie die Antwort meines Vaters auswendig gekannt hat.

»Weil das logisch ist«, hat mein Vater gesagt, »eine Kerze am ersten Advent, zwei Kerzen am zweiten Advent, drei am dritten . . .«

Meine Mutter hat meinen Vater unterbrochen. »Das ist überhaupt nicht logisch. Du bist bloß geizig.«

»Nein«, hat mein Vater gesagt.

»Und ob!«, hat meine Mutter entgegnet.

Ihre Stimmen sind immer schriller geworden und bald ist es auch nicht mehr um die Adventskerzen gegangen, sondern um den Wagen und die Einbauküche und den Pelz meiner Mutter und das Bier, das mein Vater trinkt, und die Zigaretten, die er raucht.

Da habe ich meinen Schlitten genommen und bin zum Hang hochgestapft.

Auf dem Acker reichte mir der Schnee bis zu den Knien. Dann habe ich mich auf den Schlitten gesetzt und unser Haus betrachtet.

Ich habe Vaters und Mutters Schatten gesehen, die sich

im Wohnzimmerfenster aufgeregt hin und herbewegt haben.

Ich habe den Fleischer erkannt in der Metzgerei vor seinen rosa Schinken und baumelnden Salami.

Der Kirchturm hatte eine weiße Haube.

Ich habe den Mond betrachtet, der eine Sichel war und sich hinterm Wald hochschaukelte, und den blinzelnden Abendstern.

Dann bin ich losgefahren.

Als wir den Hang runtergerutscht und beim Acker angekommen sind, hat mein Schlitten nicht anhalten wollen.

Wir sind über den Acker geschlittert und er ist immer schneller geworden.

Ich habe mich festgehalten, als wir durchs offene Gartentor beim Nachbarn gerast sind und bei seiner offenen Hofeinfahrt wieder hinaus.

Wir sind bei unserem Haus vorbeigekommen, wo mein Vater vor der Tür in Trainingsanzug und Schlappen Dampf abgelassen und eine Zigarette geraucht hat.

Seine Zigarette ist ihm aus der Hand gefallen.

»He! Es gibt Abendbrot!«, hat er geschrien. »Halt an, Junge!« Aber da sind wir schon in die Hauptstraße eingebogen und ich habe nichts mehr erwidern können.

Mir ist die Mütze vom Kopf geflattert, aber mir war gar nicht kalt. Die Hauptstraße sind wir runter- und hochgefegt und sind einem Polizisten begegnet, der wild in seine Trillerpfeife geblasen hat. Meinen Schlitten hat das nicht beeindruckt.

Bald haben wir auch die Landstraße verlassen und sind in die verschneiten Felder gefegt.

In den Bäumen hatten sich Krähen niedergelassen, um zu schlafen, und sind erschrocken aufgewirbelt. Sie haben sich zu einer großen schwarzen Wolke vereint und mir ist angst und bange geworden, so hässlich haben sie gekrächzt.

Und was habe ich erst geschlottert, als wir auf einen Abgrund zugerast sind. Da war das Feld zu Ende und unter uns ist ein Tal gelegen und ich dachte, jetzt fallen wir in die Tiefe.

Aber mein Schlitten ist zu schnell gewesen. Wir sind einfach über das Tal hinweggeflogen und auf dem nächsten Berg gelandet und durch einen Tannenwald gerauscht, und die Tannen haben uns mit Schnee beschüttet.

Endlich sind wir am Rand des Mittelgebirges angekommen und vor uns öffnete sich die Ebene.

Ich habe die große Stadt erkannt, in die mich mein Vater manchmal mitnimmt. Sie hat ausgesehen wie der Inhalt eines Baukastens, den man auf den Fußboden geschüttet hat und der nach allen Seiten auseinander gepurzelt ist. Auch die Autobahnen habe ich erkannt, in die die Stadt eingeschnürt ist wie in ein silbernes Geschenkband mit Schleifen.

Wir sind in die Stadt hineingeschlittert und die Straßen waren leer. Die Menschen haben schon geschlafen. Bloß ein paar Streufahrzeuge und Schneepflüge sind unterwegs gewesen. Manchmal hat es gekracht unter den Kufen, wo sie den Schnee beiseite geschoben und Salz verteilt hatten, aber es hat nicht gereicht, um den Schlitten aufzuhalten.

Mir kam es vor, als ob die Ampeln uns anglotzen. Und als ob die Hochhäuser sich staunend zu uns hinunterbeugen.

Es hat aber nicht lange gedauert und wir hatten die Stadt verlassen. Ich habe gedacht, jetzt könnten wir eigentlich umkehren.

Aber der Schlitten dachte nicht ans Umkehren.

Ich glaube, er ist noch schneller geworden.

Jedenfalls haben wir das Meer erreicht und die Leuchttürme haben mit Licht um sich geworfen. Das Meer war zugefroren. Der Schlitten ist aufs Meer hinausgeglitten und seine Kufen haben rot geglüht und mir eingeheizt.

Und ich habe mich umgedreht und dort, wo wir lang-
gesaust waren, gluckerte Wasser, wir hatten eine Spur ins
Eis gebrannt. Auf und ab ist es gegangen, weil auch die
Wellen zu Eis erstarrt waren.

Aber das Meer ist weit. Außer Mond und Abendstern
gab es nichts mehr zu sehen und ich bin ein wenig auf dem
Schlitten eingenickt. Dann habe ich gemerkt, dass etwas passiert, und ich habe meine Augen aufgerissen. Der
Schlitten hatte sich vom Boden gelöst. Ich glaube, wir hatten eine so hohe Geschwindigkeit, dass er die Erdkrüm-
mung verpasst hat. Er ist einfach so geradeaus geschossen,
dass es uns ins Weltall hinausgetragen hat.

Da habe ich gedacht, jetzt ist es zu spät, umzukehren.
Jetzt komme ich nie mehr heim.

Kalt ist mir nicht gewesen. Vielleicht war das die Rei-
bungshitze, von der mein Vater gerne spricht, weil er als
Schüler gut in Physik gewesen ist. Oder die Sonne, die ich
auf der anderen Seite der Welt aufgehen sah.

Ich habe mich vorsichtig umgedreht und mir die Erde
angeschaut, die wie ein riesiger blauer Ball vor meinen
Augen schwebte.

Aber sie ist rasch kleiner geworden, wie auch der Mond.
Er ist klein gewesen wie ein Fingernagel. Und die Erde sah
aus wie eine blaue Kugel auf dem Billardtisch meines Vaters im Hobbykeller. Nur dass sie nicht auf grünem Filz-
tuch lag, sondern vom finstersten Schwarz umgeben war,
das mir je begegnet ist.

Dann sind wir an anderen Planeten vorbeigezogen.
Manche waren rot wie aus verrostetem Eisen. Manche von
einem pelzigen Grün wie die verschimmelten Walnüsse,
die meine Mutter hinterm Besenschrank gefunden hat,
wo sie mein Vater versteckt hatte.

Andere Planeten waren gelb wie eine Staubwolke oder
braun und pockenvernarbt. Manche waren von Ringen
umgeben, die wie Seifenblasen schillerten.

Immer wenn mir zu kalt geworden ist, hat mein Schlitten Kurs auf eine Sonne genommen. Die Sonnen waren aus flüssigem Feuer. Sie haben so geflackert, dass ich meine Augen schließen musste. Ich habe gemerkt, wie sie mit ihrer Schwerkraft am Schlitten gezerrt haben und uns hinabreißen wollten. Aber der Schlitten hat rechtzeitig abgedreht, und ich habe den Sonnen eine lange Nase geschnitten.

Ich habe geschwitzt, auch ein bisschen aus Angst. Am schlimmsten ist es gewesen, als wir in einen Meteoritenschauer geraten sind. Riesige graue Steine, groß wie Berge, sind durchs Weltall geschleudert. Ich habe mich so klein wie möglich gemacht. Haarscharf sind sie am Schlitten vorbeigerast. Und der Schlitten ist nur so herumgehoppelt, um ihnen auszuweichen.

Dann waren wir sie los und die Fahrt ist ruhiger geworden. Wir sind durch den Nebel der Milchstraße geglitten, und ich habe mich bald einsamer gefühlt als auf dem vereisten Meer. Ich bin mutterseelenallein gewesen.

Zu sehen gab es auch nicht mehr viel. Überall blinzelten Sterne, unter und über mir, aber ich habe gar nicht mehr gewusst, was oben und unten ist. Vielleicht bin ich auch auf dem Kopf durch das All geschossen.

Aber weil wir immer nur so dahingeflogen sind durch die schwarze Nacht, bin ich irgendwann eingenickt.

Ich kann nicht sagen, wie lange wir unterwegs gewesen sind.

Meine Armbanduhr habe ich nur zweimal betrachtet. Erst raste der Zeiger so schnell über das Zifferblatt, dass ich ihn kaum noch erkennen konnte. Und beim zweiten Mal ist die Uhr kaputt gewesen. Ich habe also auf meinem Schlitten gehockt und geschlafen.

Bis ich bemerkt habe, dass etwas passiert.

Und ich habe meinen Augen nicht getraut, als die Erde vor mir auftauchte. Blau war sie, unendlich blau.

Mir ist eingefallen, dass das Weltall gekrümmt ist. Und ich habe mir gedacht, wenn man im Universum immer weiterfährt, kommt man vermutlich wieder da an, wo man abgefahren ist.

Aber ich hatte keine Zeit, mir viele Gedanken zu machen. Denn wir sind durch die Wolken gesaust und ich habe die große Stadt und das Mittelgebirge erkannt und die Berge kamen mir mit ihren scharfen Zacken so schnell entgegen, dass ich Angst hatte, sie spießen mich auf. »Neeeeeiiiin!«, habe ich geschrien. Aber da ist es schon zu spät gewesen.

Die Kufen haben entsetzlich geknirscht.

Und es hat mich durchgeschüttelt wie noch nie.

Und dann sind wir stehen geblieben.

Wir standen auf dem Acker, oberhalb unseres Hauses und ich habe die Schatten meiner Eltern entdeckt, die sich im Fenster hin und herbewegt haben.

Es schien sich gar nichts verändert zu haben. Bloß das Gartentor beim Nachbarn war verschlossen.

Ich habe meinen Schlitten an der Kordel zum Haus gezogen und er ist brav hinter mir her gezockelt wie ein ganz normaler Schlitten.

Neben unserer Tür lag ein Zigarettenstummel, der noch ein bisschen vor sich hingequalmt hat. Die Tür war angelehnt gewesen.

Schon von draußen habe ich die Stimmen meiner Eltern gehört, wie sie miteinander gestritten haben.

Aber ich bin doch froh gewesen, wieder zu Hause zu sein, und eingetreten.

Meine Eltern zankten so wild miteinander, dass sie mich erst nicht bemerkt haben.

Eine Kerze hat am Adventskranz gebrannt.

Mein Vater hatte seinen Trainingsanzug und die Hausschlappen an.

Aber etwas stimmte nicht an ihm. Er war weißhaarig,

als habe es ihm jahrelang auf den Kopf geschneit. Und meine Mutter hatte eine Brille auf der Nase, mit der ich sie vorher nie gesehen hatte. Ihre Augen hinter den Gläsern sind riesengroß gewesen, wie die einer Eule.

Und sie sind noch größer geworden, als sie mich entdeckt hat.

Sie hat einen Schrei ausgestoßen, der anders klang als die Schreie gegen meinen Vater.

Auch meinem Vater ist das aufgefallen.

Er ist einen Schritt beiseite getreten, um mich besser erkennen zu können.

Er hat Luft holen müssen.

Er hat gesagt: »Wo bist du denn die ganze Zeit gewesen?«

Und meine Mutter hat mich in ihre Arme geschlossen und zu weinen begonnen. Und ich habe von unten in ihr Gesicht geschaut, das viel faltiger war als in meiner Erinnerung.

Ich habe erst nicht verstanden, was sie geschluchzt hat. Aber nach und nach habe ich es erraten. Sie habe nicht mehr geglaubt, dass ich zurückkomme.

Später haben wir um den Adventskranz herumgesessen und meine Eltern haben mich unentwegt angeschaut.

Sie haben vergessen, sich zu streiten.

Erst als ich im Bett lag, habe ich daran gedacht, wie mein Vater auch die anderen Kerzen am Adventskranz angezündet hat.

Einmal in der Nacht bin ich aufgewacht und zum Fenster gelaufen. Mein Schlitten stand draußen im Schnee und es ist ihm nichts anzumerken gewesen.

Auch den Sternen nicht, die am Himmel gestanden sind und mich angefunkelt haben.

3.

Italo Calvino

Die Stadt, die sich im Schnee verloren hatte

An diesem Morgen weckte ihn die Stille. Marcovaldo erhob sich von seinem Bett mit dem Gefühl, irgendetwas Sonderbares müsse in der Luft liegen. Er begriff nicht, was das sein könnte, das Licht zwischen den Streben und den Fensterläden schien anders als zu allen sonstigen Tages- und Nachtstunden. Er öffnete das Fenster: Die Stadt war nicht mehr da, an ihrer Stelle lag ein weißes Tuch. Bei genauerem Hinsehen unterschied er mitten in dem Weiß ein paar fast verwischte Linien, die denjenigen des gewohnten Anblicks entsprachen: die Fenster und Dächer und Laternen ringsum, doch alle verborgen unter dem Schnee, der über Nacht gefallen war.

»Schnee!«, rief Marcovaldo seiner Frau zu, das heißt, er wollte es rufen, doch seine Stimme klang ganz gedämpft. Wie auf die Linien und Farben und die Aussicht hatte sich der Schnee auch auf alle Geräusche gelegt, ja sogar auf die Fähigkeit, Geräusche zu machen; die Töne vibrierten nicht im abgepolsterten Raum.

Er ging zu Fuß zur Arbeit; die Straßenbahnen fuhren nicht wegen des Schnees. Auf der Straße, wo er sich selbst einen Weg bahnen musste, fühlte er sich so frei wie noch nie. In der Stadt war jeder Unterschied zwischen Fußweg und Fahrweg verschwunden, alle Verkehrsmittel waren im Schnee stecken geblieben, und Marcovaldo, wenn er auch bei jedem Schritt bis zum Knie einsank und spürte, wie der Schnee ihm in die Strümpfe rutschte, konnte endlich einmal mitten auf der Straße laufen oder die Beete zerstampfen oder sich außerhalb der Begrenzungslinien bewegen oder im Zickzack laufen. Straßen und Alleen öffneten sich unendlich weit wie blendend weiße Schluchten zwischen Bergfelsen. Wer weiß, ob die Stadt unter diesem Mantel überhaupt noch dieselbe war oder ob man sie nachts mit einer anderen vertauscht hatte. Wer weiß, ob unter diesen weißen Hügeln noch die Tankstellen, die Zeitungskioske, die Straßenbahnhaltestellen waren oder nur noch Säcke und Säcke voll Schnee. Wie Marcovaldo so dahinging, träumte ihm, er habe sich in einer anderen Stadt verirrt: Doch seine Schritte trugen ihn nirgend anderswo hin als zu seinem tagtäglichen Arbeitsplatz, zum vertrauten Lagerraum, und als der Hilfsarbeiter über die Schwelle trat, wunderte er sich sogar, in den stets gleichbleibenden Wänden zu stehen, als hätte die Veränderung, die die Außenwelt ausgelöscht hatte, einzig und allein seine Firma verschont.

Eine Schaufel wartete auf ihn, größer als er selbst. Herr Viligelmo, der Lagerverwalter, reichte sie ihm und sagte: »Schneeräumen vor dem Geschäft ist unsere Aufgabe, folglich die deine.« Marcovaldo ergriff die Schaufel und trollte sich hinaus.

Schneeschaufeln ist kein Kinderspiel, besonders nicht für einen, der kaum etwas im Magen hat, doch Marcovaldo empfand den Schnee als einen Freund, als ein Element, das den gemauerten Käfig zunichte machte, in dem er lebenslänglich eingesperrt war. Und mit viel Schwung machte er sich ans Werk, ließ große Schaufeln voller Schnee mitten auf die Fahrbahn fliegen.

Auch der Arbeitslose Sigismondo war dem Schnee dankbar, denn er hatte sich morgen zum Schneeräumen gemeldet und sah nun endlich ein paar Tage gesicherter Arbeit vor sich. Doch dieses Bewusstsein verleitete ihn nicht etwa zu Fantastereien wie Marcovaldo, sondern zu genauen Berechnungen, wieviel Kubikmeter Schnee er zu schaufeln habe, um soundso viele Quadratmeter zu räumen; er hatte es darauf abgesehen, sich beim Vorarbeiter in gutes Licht zu setzen und – geheimer Ehrgeiz – Karriere zu machen.

Sigismondo drehte sich um und was musste er sehen? Die soeben geräumte Strecke der Fahrbahn bedeckte sich von neuem mit Schnee unter den unordentlichen Schaufelwürfen eines Burschen, der sich auf dem Bürgersteig abplagte. Fast hätte ihn der Schlag getroffen. Er stürzte auf ihn zu, hielt ihm die Schneeschaufel vor die Brust: »He, du da! Bist du das, der den Schnee dahin geworfen hat?«

»Wie? Was?« Marcovaldo fuhr zusammen, aber er leugnete nicht. »Ja, schon möglich.«

»Also, entweder du holst ihn dir wieder zurück mit deiner Kinderschaufel, oder ich lass ihn dich fressen bis zur letzten Flocke!«

»Aber ich muss doch den Bürgersteig räumen!«

»Und ich die Straße. Also?«

»Wohin soll ich denn damit?«

»Gehörst du zur Stadtreinigung?«

»Nein. Zur Firma Sbav.«

Sigismondo zeigte ihm, wie man den Schnee auf dem Straßenrand anhäuft, und Marcovaldo machte seine Wegstrecke wieder frei. Zufrieden, die Schaufeln in den Schnee gesteckt, betrachteten sie das vollbrachte Werk.

»Hast du eine Kippe?«, fragte Sigismondo.

Sie zündeten sich gerade jeder eine halbe Zigarette an, als ein Schneeräumwagen durch die Straße fuhr und große weiße Wellen aufwarf, die seitwärts herunterfielen. Jeder Laut war an diesem Morgen nur ein leises Geräusch: Als die beiden aufsahen, war die ganze Strecke, die sie geräumt hatten, wieder mit Schnee bedeckt. »Was ist denn los? Schneit es schon wieder?« Und sie sahen zum Himmel. Der Lkw mit seinen Rollbürsten bog schon um die Ecke.

Marcovaldo lernte den Schnee zu festen Mäuerchen

aufschichten. Wenn er weiter solche Mäuerchen baute, könnte er Wege nur für sich machen, Wege, die an einen Ort führten, den er allein kannte, und in denen sich alle andern verirren würden. Die Stadt neu bauen, Berge aufschichten hoch wie Häuser, die kein Mensch von den richtigen Häusern unterscheiden könnte. Oder vielleicht waren jetzt alle Häuser aus Schnee, innen und außen; eine ganze Stadt aus Schnee, mit Denkmälern und Kirchtürmen und Bäumen, eine Stadt, die man mit der Schaufel abreißen und woanders wieder aufbauen könnte.

Am Rande des Bürgersteigs lag an einer Stelle ein tüchtiger Schneehaufen. Marcovaldo war schon dabei, ihn auf die Höhe seiner Mäuerchen einzuebnen, als er gewahr wurde, dass dies ein Auto war: das Luxusauto des Aufsichtsratsvorsitzenden Alboino, ganz von Schnee bedeckt. In Anbetracht der Tatsache, dass der Unterschied zwischen einem Auto und einem Schneehaufen so gering war, machte sich Marcovaldo daran, mit der Schaufel die Umrisse eines Autos zu modellieren. Es gelang ihm prächtig: Man konnte nicht mehr unterscheiden, welches von beiden das echte war. Um seinem Werk den letzten Schliff zu geben, benutzte Marcovaldo ein paar Stücke Alteisen, die er gefunden hatte: Eine verrostete Büchse kam ihm gerade recht, um die Form eines Scheinwerfers zu modellieren; mit einem halben Wasserhahn bekam die Tür ihren Griff.

Großes Mützenziehen von Portiers, Bediensteten, Laufburschen und Aufsichtsratsvorsitzender Alboino trat aus der Tür. Kurzsichtig und imposant schritt er entschlossen daher, um rasch seinen Wagen zu besteigen, legte die Hand an den hervorstehenden Wasserhahn, zog an, senkte den Kopf und kroch bis zum Hals in den Schneehaufen.

Marcovaldo war schon um die Ecke gebogen und schaufelte im Hof.

Die Jungen im Hof hatten einen Schneemann gebaut. »Dem fehlt ja noch die Nase!«, sagte einer von ihnen.

»Was nehmen wir bloß? Eine Mohrrübe!« Und jeder lief in seine Küche, um unter dem Gemüse zu kramen.

Marcovaldo betrachtete den Schneemann. »Ja, unterm Schnee kann man nicht unterscheiden, was Schnee ist und was nur vom Schnee zugedeckt ist. Mit einer Ausnahme: der Mensch, denn jedermann weiß ja, dass ich eben ich bin und nicht so einer da!«

Ganz in seine Überlegungen versunken, achtete er nicht darauf, wie zwei Männer vom Dach herunterriefen: »Hallo! Sie da unten! Gehen Sie mal ein bisschen zur Seite!« Das waren die Männer, die den Schnee von den Dachziegeln herunterschoben. Und plötzlich fiel eine drei Doppelzentner schwere Schneelast auf seinen Kopf.

Die Kinder kamen zurück mit ihrer Ausbeute an Mohrrüben. »He! Da hat jemand noch einen Schneemann gebaut!« Mitten im Hof standen zwei Schneemänner Seite an Seite, glichen einander wie ein Ei dem andern.

»Geben wir allen beiden eine Nase!« Und sie steckten zwei Mohrrüben in die Gesichter der zwei Schneemänner.

Marcovaldo, mehr tot als lebendig, merkte, wie auf ihn durch die Hülle, in der er begraben und eingefroren war, Essen zukam. Und er kaute.

»Meine Güte! Die Mohrrübe ist verschwunden!« Die Kinder waren furchtbar erschrocken.

Der Verwegenste unter ihnen ließ sich nicht aus der Fassung bringen. Er hatte eine Ersatznase: eine Paprikaschote; und er heftete sie dem Schneemann an. Der Schneemann verspeiste auch diese.

Dann versuchten sie, ihm ein Stück Kohle als Nase einzusetzen, ein Stück Holzkohle. Marcovaldo spuckte sie mit voller Kraft aus. »Hilfe! Der ist lebendig! Der ist lebendig!« Die Jungen nahmen Reißaus.

In einer Ecke des Hofs war ein Gatter, aus dem eine Wolke von Wärme drang. Mit schwerem Schneemannschritt stapfte Marcovaldo dorthin. Der Schnee taute ab, lief ihm in Bächen über die Kleidung: Zum Vorschein kam ein Marcovaldo, ganz verschwollen und verschnupft vor Kälte.

Er packte den Spaten, hauptsächlich, um sich zu wärmen, und machte sich im Hof an die Arbeit. In ihm steckte ein Nieser, der sich in der Nasenspitze festgesetzt hatte und dort hockte und sich nicht entschließen konnte, herauszukommen. Marcovaldo schaufelte mit halb geschlossenen Augen, und der Nieser hockte unablässig in seiner Nasenspitze. Auf einmal: »Ha ...«, das war fast wie ein Donner, und das: »... tschi!« tönte lauter als eine explodierende Mine. Durch den Luftdruck wurde Marcovaldo an die Wand geschleudert.

Von wegen Luftdruck: Eine Windhose war's, die der Nieser ausgelöst hatte. Aller Schnee im Hof stieg in die Höhe, wirbelte wie im Sturm umher, wurde nach oben gezogen, zerstäubte am Himmel.

Als Marcovaldo aus seiner Betäubung erwachte und die Augen öffnete, war der Hof ganz leer gefegt, kein Flöckchen Schnee lag mehr da. Und vor Marcovaldos Augen zeigte sich der Hof von eh und je, die grauen Wände, die Lagerkisten, die unangenehmen, feindlichen Dinge des Alltags.

4.

Brigitte Schär

Die Teeparty

Der Hagel, der Schnee, der Wind, der Regen, der Sonnenschein und der Raureif trafen sich zu einer Teeparty. Der Wind hatte die anderen eingeladen. »Kommt zu mir nach Sibirien«, hatte er gesagt, »da haben wir viel Platz.«

Auf einer riesengroßen Wiese, so groß wie die ganze Schweiz, kamen sie zusammen.

»Nett hast du es hier«, sagte der Raureif, der als Erster kam. Er setzte sich bequem auf einen großen Steppenbaum.

Die Nächsten, die eintrafen, waren der Hagel und der Schnee. Lachend wirbelten sie heran. »Wir haben in Europa etwas Unordnung gemacht«, prusteten sie. »Ich«, sagte der Hagel, und warf sich in die Brust, »habe den Obstbäumen und den Treibhäusern arg zugesetzt.« – »Und ich«, meinte der Schnee, »habe die Straßen lahm gelegt und die Häuser der Menschen zugedeckt.«

»Nehmt bitte Platz«, sagte der Wind. Der Hagel hakte sich an zwei Dornbüschen fest. Der Schnee aber rollte sich zu einer großen Kugel zusammen und blieb liegen, wo er war.

Der Wind reichte Tee und selbst gebackene Plätzchen herum.

Als Letzte kamen der Regen und der Sonnenschein über einen gewaltigen Regenbogen daher. Der Schnee und der Hagel waren dem Sonnenschein noch etwas gram.

»Seid nett zueinander«, ermahnte der Wind, »und vergesst euren Zank.«

Der Sonnenschein lächelte mild und sagte sanft: »Ich tue

euch nicht weh, seht, ich habe nur meine Morgenstrahlen dabei.« Da waren der Schnee und der Hagel wieder gut und streckten dem Sonnenschein die Hand zur Versöhnung hin.

Der Sonnenschein setzte sich etwas abseits an einen Bach, da war es ihm wohl. Der Regen aber machte es sich gemütlich unter einem großen Dach. Ein altes Haus stand halb verfallen da. Es wohnte seit langem niemand mehr darin.

Die Gesellschaft saß gemütlich beim Tee, als sie ein leises Weinen vernahm. Die anderen meinten zuerst, der Wind jammere leicht. Der aber hörte genauer hin und sagte: »So weint nur ein Kind. Es kommt aus dem Haus.« Der Sonnenschein stand auf. »Ich schaue nach«, sagte er. Auf Zehenspitzen betrat er das Haus. Dort fand er auf Stroh und in Windeln gehüllt ein weinendes Kind. Es streckte dem Sonnenschein die Ärmchen hin. Der Sonnenschein wärmte das Kind und trug es hinaus.

Der Raureif, der Hagel, der Schnee, der Regen und der Wind waren sehr erstaunt. »Wem gehört es wohl?«, fragten sie. »Hier wohne nur ich«, sagte der Wind. »Ich habe nie auch nur eine Menschenseele gesehen.«

Das Kind konnte nicht sprechen, es lachte sie bloß an. Der Sonnenschein hielt es schön warm. »Ihr seid zu kalt«, sagte er zum Raureif, zum Hagel und zum Schnee.

Die Gesellschaft blieb und blieb, die Zeit wurde ihr nie lang, doch in Europa und in der Welt, da stand sie still. Vergnügt spielten die sechs mit dem Kind. Es tollte im Schnee, und war es ihm kalt, wärmte es der Sonnenschein. Es jauchzte, wenn der Hagel seine Körner fallen ließ. Der Regen baute ihm einen Teich und der Sonnenschein machte das Wasser warm. Das Kind badete stundenlang darin. Der Wind blies die herrlichsten Wellen hinein. Der Raureif überzog alle Bäume mit weißem Hauch. Das Kind klatschte in die Hände und sang.

Es sprach nie ein Wort, es blieb immer klein und war vergnügt.

Eines Morgens jedoch war es nicht mehr da. Die sechs suchten es überall, doch sie fanden es nicht. Der Sonnenschein, der Raureif, der Hagel, der Regen, der Wind und der Schnee seufzten, doch richtig traurig waren sie nicht. »Es war kein richtiges Kind«, sagten sie. »Aber es war ein süßes Kind, es war unser Kind«, sagten sie.

»Ich weiß, was es war«, sagte der Wind, der in seinem Leben viel herumgekommen war. Geheimnisvoll flüsterte er: »Es muss das Christkind gewesen sein.«

5.

Jutta Richter

Mondgeschichte

Eines Nachts hatten sich drei Wolken so vor den Mond geschoben, dass es aussah, als trüge er eine Augenbinde.

Der Mond war sehr ärgerlich. Er war gerade voll und
hatte beide Augen weit aufgerissen, um zu sehen, was auf
der Erde passierte.

»Weg da!«, brüllte der Mond. »Mir aus den Augen!«

Die Wolken kicherten.

»Er kann ja nichts machen«, sagte die rechte Wolke.

»Er hat ja keine Hände«, sagte die linke Wolke.

»Wenn er Hände hätte, würde er uns zerquetschen«, kicherte die mittlere Wolke.

Und sie rückten alle drei noch näher zusammen, damit
der Mond auch nicht etwa zwischen ihnen durchblinzeln
konnte.

Die Wolken hatten sich wirklich eine gute Nacht zum
Mondärgern ausgesucht.

Der kalte Winterwind war so müde geworden, dass er
hinter den Bergen eingeschlafen war. Die Bäume standen
still, als wären sie gemalt und die Schneefelder glitzerten
hell und weiß.

»Wenn der Wind nicht aufwacht, können wir dich die
ganze Nacht blind machen, du Mond!«, riefen die Wolken.

»Wehe euch!«, brüllte der Mond. »Ich werde ...« Er
verstummte.

»Was wirst du?«, kicherten die Wolken. »Warum
sprichst du nicht weiter?«

»Ich werde mich schwarz ärgern!«, rief der Mond.

»Dann tu's doch«, antworteten die Wolken und dann fingen sie an, sich miteinander zu unterhalten. Sie redeten nicht sehr laut, aber doch so laut, dass der Mond alles verstehen konnte.

»Seht mal!«, sagte die rechte Wolke. »Dort unten beim Schlittschuhteich machen sie einen Fackelzug!«

»Und wie bunt ihre Laternen leuchten«, sagte die linke Wolke. »Sie singen auch. Ich kann sie bis hierher hören ...«

»Und da, hinterm Tor«, sagte die mittlere Wolke. »Seht mal, da küssen sich zwei.« Sie kicherte wieder.

»Das ist nicht zum Kichern«, sagte die rechte Wolke. »Das ist ein Liebespaar!«

»Genau«, sagte die linke Wolke. »Liebespaare küssen sich immer bei Vollmond, dann frieren sie nicht mehr. Und jetzt sehen sie zu uns hoch!«

»Sie werden uns nie vergessen«, sagte die rechte Wolke. »Könnt ihr euch das vorstellen? Immer wenn sie nachts zum Himmel schauen, werden sie an uns denken. Wie wir vor dem Mond gelegen haben in der Winternacht, als sie sich küssten. Und sie werden sich an uns erinnern, auch dann noch, wenn es uns nicht mehr gibt ...«

»Hör auf damit«, sagte die mittlere Wolke. »Sonst muss ich heulen und dann bin ich gleich nicht mehr da.«

»Das wäre das Beste!«, grummelte der Mond. Er hatte mit dem Schwarzärgern angefangen. Und weil er sich vor Wut immer im Kreis drehte, war zuerst sein äußerer Rand verschwunden.

»Wie klein du geworden bist, du Mond!«, riefen die Wolken.

»Wartet nur ab«, antwortete der Mond.

Aber die Wolken dachten gar nicht daran abzuwarten. Schon tuschelten sie wieder miteinander.

»Seht mal da!«, sagte die mittlere Wolke. »Da geht jemand auf dem Dach spazieren!«

»Tatsächlich«, nickte die linke Wolke.

»Wie merkwürdig«, sagte die rechte Wolke. »Er hat die Augen fest geschlossen und trägt weder Schuhe noch Strümpfe. Er wird erfrieren. Man könnte meinen, er schläft!«

»Das ist Herr Abendrot«, rief der Mond. »Immer bei Vollmond klettert er aus dem Dachfenster und geht im Schlaf auf dem Dach spazieren. Da seht ihr, wie mächtig ich bin. Er tut das nur, weil ich scheine!« Während der Mond das sagte, wurde seine Stimme immer leiser. Er war jetzt auf Mirabellengröße geschrumpft und sah sehr fern aus.

»Du Angeber!«, riefen die Wolken. »Kannst nichts sehen und willst alles verstehen.«

Sie sahen den Mond nicht mal an, als sie das sagten. Hätten sie ihn angesehen, wären sie sehr erschrocken. Der Mond hatte es fertig gebracht, sich erbsenklein zu ärgern. Er war jetzt ganz hinter den Wolken verschwunden. Aber die Wolken wussten das nicht.

Sie sahen nur, dass der Schnee nicht mehr glitzerte und die kahlen Bäume mit einem Mal keine Schatten mehr warfen.

»Wie dunkel es wird«, sagte die mittlere Wolke. »Man kann kaum noch etwas erkennen!«

»Ja, du hast Recht!«, antwortete die linke Wolke. »So mächtig scheint der mächtige Mond nicht zu scheinen!«, kicherte sie.

Die rechte Wolke jedoch drehte sich um. Zuerst war sie stumm, dann rief sie mit bebender Stimme: »Um Himmelswillen! Er hat es getan!«

»Was hat er getan?«, fragten die beiden anderen.

»Er hat sich schwarz geärgert!«

Die linke und die mittlere Wolke drehten sich gleichzeitig um. Sie starrten in den schwarzen Himmel. Aber alles, was sie sahen, waren kleine Sterne. Und die blinkten, als ob sie lachen würden.

6.

Rudolf Herfurtner

Nikolaus, selbst gemacht

Da sitzt er. Seh ihn noch wie heute.

Sitzt da auf dem Fußschemel des Vaters. Selbst gestrickter Pulli, Cordsamthosen, rote Filzpuschen. Hände eingeklemmt zwischen die Beine.

Sechs Jahre ist er alt. Eher klein für sein Alter. Aber für den Schemel natürlich längst zu groß. Eigentlich.

Ganz still sitzt er da. Bisschen blass.

Still und stumm. Kopf eingezogen zur Sicherheit.

Der Vater ist noch bei der Arbeit. Aber Vaters Fußschemel ist da, ein Bänkchen mit kariertem Polsterbezug, abgewetzt von den Fersen des Vaters, wenn der am Feierabend seine Beine hochlegt.

Kannst dich allmählich auch auf einen richtigen Stuhl setzen, sagt die Mutter oft. Ein Schulbub! Aber er hockt lieber auf dem Schemel, wenn der Vater nicht da ist.

Zwischen den beiden Fenstern zum Hof hockt er.

Rücken zur Wand.

Tür im Auge.

Horcht nach hinten draußen.

Achtet darauf, ob sich die Türklinke bewegt.

Nichts hört er.

Nachtschwarz schaut es herein durch die Fenster. Aber das sieht er nicht. Dreht sich ja nicht um.

Lieber nicht.

Dreh dich nicht um, der Plumpsack geht um!

Wenn er sich umdrehen würde, könnte er ein paar Sterne sehen. Dreht sich aber nicht um. Auf keinen Fall! Will nicht sehen, was von draußen kommt.

Muss außerdem die Türklinke im Auge behalten. Solange sich die Türklinke nicht bewegt, ist er sicher hier in der Wohnküche.

Brauchst dich nicht fürchten, hat die Mutter gesagt. Wenn du brav warst, brauchst dich überhaupt nicht fürchten.

Dann ist sie rausgegangen, Öl holen. Wird kalt heut Nacht, hat sie gesagt. Sternklar ist es.

Bleib doch da, Mama!

Die Mutter lächelt verständnisvoll. Komm doch gleich wieder.

Dann geh ich mit, sagt er.

Ach was, sagt sie und lacht. Bleib schön sitzen da und wart und sei brav. Wenn nachher der Nikolaus kommt, dass er dich nicht in den Sack steckt. Sie wuschelt ihm über den Kopf und lacht wieder und geht raus.

Beim Malen war er. Schönes Bild für den Nikolaus. Halb fertig liegt es auf dem Tisch. Einen freundlichen Heiligen Nikolaus wollte er malen. Schöner roter Mantel, hohe Bischofsmütze, goldener Stab und ein Sack voller Geschenke. Aber der Nikolaus auf dem Bild ist noch nicht fertig. Hat noch kein Gesicht.

Als die Mutter raus ging, hat er sich ganz schnell den Fußschemel geholt und sich da hingesetzt zwischen die Fenster. Wollte die Fenster nicht anschauen müssen vom Tisch aus.

Schwarze Löcher.

Wenn der Nikolaus jetzt von draußen reinschaut, denkt er, sieht er mich vielleicht gar nicht, weil ich so klein bin da auf dem Schemel. Schaut über mich drüber und denkt: Ist keiner da. Und geht vorbei zu andern Kindern mit seinem Sack.

Er duckt sich noch ein bisschen mehr zusammen.

Der Ofen bullert. Das Licht brennt über dem Tisch. Wirft vertraute Schatten.

So sitzt er da und schaut und horcht und rührt sich nicht.

Wenn du brav warst ...?

Der Streit mit dem Andreas letzte Woche auf dem Schulhof, ob der schlimm war? Böse Namen hat er ihm an den Kopf geworfen. Und geschubst. An die Wand. Und seine Mütze vom Kopf gerissen und in die Drecklache gepfeffert.

Vielleicht, dass der Nikolaus doch nicht alles weiß und alles sieht. War ja hinter den Aschentonnen passiert, wo sie eigentlich gar nicht sein dürfen in der Pause, weil sie die Lehreraufsicht nicht sehen kann.

Hat vielleicht der Nikolaus dann auch nicht gesehen. Vielleicht. Hoffentlich.

Der Thomas sagt ja, den Nikolaus, den gibt es gar nicht.

Der Thomas ist der Sohn vom Herrn Doktor und geht in dieselbe Klasse. Sein Vater, der Herr Doktor, weiß viel. Der klopft dir auf den Bauch und weiß, warum du Bauchweh hast. Und schaut dir in den Hals und du machst Ahhhh! Und er weiß, was du für einen Hustensaft nehmen musst.

Aber vom Nikolaus hat der Thomas keine Ahnung. Da kann sein Vater noch so viel wissen. Erstens war der Nikolaus nämlich schon dreimal bei ihm: letztes Jahr und vorletztes Jahr und vorvorletztes Jahr. Und zweitens hat er ihn auch heuer schon gesehen, beim Kaufhaus nämlich.

Ist bloß verkleidet, hat der Thomas gesagt. Gar nicht der echte.

Aber wenn jetzt da in seiner Stube die Türklinke runtergedrückt wird und es ist nicht die Mama, sondern der Nikolaus, und er schaut dich an mit seinen Augen, dann weißt du, dass er was weiß von dir, wahrscheinlich sogar alles. Und es ist ganz egal, ob er echt ist oder verkleidet.

Soll er sich halt hersetzen hier, der Thomas. Dann wird er schon sehen.

Da sitzt er. Wirklich, seh ihn noch wie heut.

Seine Hände sind schon wie abgestorben, weil er die Beine so fest zusammenkneift.

Bisschen Wind geht jetzt draußen. Wummert auch im Kamin.

Über dem Büfett tickt die Uhr. Die Uhr kennt er schon gut. Weiß, wie die Zeiger gehen. Der große einmal rum, der kleine zur nächsten Zahl. Er starrt die Uhr an und ist sich sicher, dass die Uhr stehen geblieben ist.

Normalerweise müsste der Vater kommen, wenn der große Zeiger noch einmal halb rum gegangen ist. Aber der Zeiger bewegt sich gar nicht.

Die Mutter müsste auch kommen. Wie lang braucht die denn zum Öl holen!

Wenn der Nikolaus bloß nicht kommt, solange die Mutter draußen ist und er ganz allein. Hätte sie nicht fortlassen sollen. Oder doch mitgehen. Aber jetzt kann er nicht mehr aufstehen. Seine Beine würden ihn nicht tragen.

Da bist schnell drin im Sack vom Krampus, hat der Herr Wondra aus dem zweiten Stock gesagt. Wenn man bisschen laut ist im Treppenhaus, dann sagt der Herr Wondra solche Sachen.

An den Krampus mag er gar nicht denken.

Oft kommen sie ja zu zweit: der Gute mit den Geschenken und der Böse mit Sack und Rute.

Hat ihn auch nicht gemalt auf sein Bild. Bloß den guten Heiligen Nikolaus. Der ist schlimm genug.

Aber jetzt sieht er ihn an. Er denkt das Wort Krampus und sieht ihn.

Pelzig.

Schwarz.

Wüst mit großen Zähnen.

Pelzemärtel, sagt der Opa zum Krampus. Aber das ist auch nicht besser.

Er versucht das furchtbare Wort wegzudenken. Aber es geht nicht.

Er kann die Augen zumachen oder auflassen, er sieht ihn.

Er weiß, dass der Krampus da hinter der Tür steht. Obwohl er nichts hört, weiß er es. Müsste ja eigentlich die Kette hören. Rasseln. Und seine brummende Bärenstimme. Oder das Schlagen der Rute gegen die Tür.

Trotzdem, der ist da draußen.

Einen Riesensack hat er dabei, stinkig und rau und grob. Nicht so einen netten Geschenkesack. Einen Menschensack, den man nicht zerreißen kann. Niemand.

Kommt man nicht mehr raus.

Mit einem dicken Strick oben rum zum Zubinden.

Und glühende Augen. Rot glühend.

Woher er das weiß? Vom Opa weiß er es. Manchmal ist der Opa zu Besuch. Wart, bis der Pelzemärtel kommt, sagt der Opa immer, wenn er nicht ins Bett will, weil es noch was Schönes im Fernsehen gibt.

Ich kenn den nicht, deinen Pelzemärtel, hat er dann gesagt und gelacht und die Arme um die Mutter gelegt. Ich kenn bloß den Krampus. Und der kommt nicht zu mir, gell Mama!

Krampus oder Pelzemärtel, das ist dasselbe, hat der Opa gesagt. Und dann hat er ihm beschrieben, wie der Pelzemärtel ausschaut.

Und die Mutter hat gesagt, mach dem Buben keine Angst, Vater.

Jetzt würde er gern ins Bett gehen. Tief unter die Decke kriechen. Nichts rausschauen lassen, kein Haar, keinen Finger, keinen Zeh, dass er ihn nicht packen kann, nirgens. Den Hasi im Arm und den Bären.

Ganz großes Federbett über sich. Federberg, wo er drunter versteckt ist, dass ihn keiner sieht und findet.

Aber vielleicht findet ihn der Nikolaus sowieso nicht.

Hat vielleicht die Adresse vergessen. Oder zu viel zu tun mit anderen Kindern. Ja, wie kann der überhaupt alle Kinder an einem Abend besuchen?

Das kann der doch gar nicht. Muss wahrscheinlich immer ein paar auslassen. Und heuer lässt er ihn aus. Wär doch sonst schon gekommen.

Wahrscheinlich kommt gleich die Mama rein und sagt: Tut mir Leid, der Nikolaus kommt heute nicht, weil er es nicht schafft.

So hockt er da und denkt und denkt. Sechs Jahre ist er alt und eher klein für sein Alter.

Still ist es.

Nur die Uhr.

Und der Wind im Ofen.

Und seine Mutter?

Seine Mutter hatte sich gedacht, den Nikolaus, den sparen wir uns dieses Jahr. Die Nikoläuse werden auch nicht billiger. Dreimal reicht ja. Der Vater muss sowieso arbeiten an dem Abend, was soll ich allein mit dem Buben einen Nikolaus kommen lassen? Einen Geschenkesack kann er auch so kriegen, der Bub.

Also ist sie vorhin nicht zum Öl holen gegangen, sondern hat einen Sack voll Nüsse, Orangen und Lebkuchen aus dem Keller geholt. Draußen im Flur hat sie ihn abgestellt und dann im Hof mit einem Stock ein paar Mal gegen eins der Stubenfenster geklopft.

Dann hat sie die Tür geöffnet, um ihren Buben zu holen.

Aber der sitzt da, den Kopf eingezogen und rührt sich nicht.

Zittert ein bisschen.

Bleich ist er, wie vom Blitz getroffen.

Und er schaut seine Mutter an, als würde er sie nicht kennen. Als wär das, was da in der Tür steht, gar nicht seine Mutter, sondern ein Ungeheuer mit schwarzem Pelz und großen Zähnen und glühenden Augen.

Was hast du denn?, fragt die Mutter.

Rührt sich nicht.

Der Nikolaus war da, sagt die Mutter.

Rührt sich immer noch nicht.

Schau raus auf den Flur, sagt die Mutter. Hat was da gelassen für dich, glaub ich.

Da endlich erkennt er sie. Springt auf und rennt hin zu ihr und vergräbt das Gesicht in ihrer Schürze.

Und weint und weint und will nicht mehr aufhören.

Oben geht die Tür auf und der Herr Wondra kommt die Stufen herunter, schauen, was für ein Geschrei sei im Treppenhaus.

Bisschen schreckhaft ist er halt, sagt die Mutter verlegen.

Bisschen abhärten schadet nicht, sagt der Herr Wondra.

7.

Brigitte Schär

Die Eiskinder

... Engel aus Schnee, Herz aus Eis,
komm in mein Schloss und bleib bei mir.
Es tut nicht weh, es vergeht keine Zeit,
es ist immer lustig, in alle Ewigkeit ...

Woher kam bloß das verlorene Lied? Es wehte über die verschneite Landschaft von irgendwo daher.

Manuela und Tobias lauschten. Da standen sie mit ihren Schlitten, mit erhitzten Köpfen, außer Atem. Gerade waren sie ein weiteres Mal den Hügel hinuntergesaust.

»Da ist es wieder«, flüsterte Manuela. »Hörst du?«

»Ja«, flüsterte Tobias zurück.

Ängstlich, doch auch neugierig schauten sie sich um.

»Es könnte von dort kommen«, sagte Manuela und zeigte zu den Büschen. »Gehen wir nachsehen?«

»Meinst du?«

»Ja, komm«, sagte Manuela.

Schon stapften beide quer über die Ebene. Manuela mutig voran. Tobias etwas zögerlich hinterher.

Auch die Büsche sahen, beladen von Schnee, wunderschön aus, wie verzaubert. Je näher ihnen Manuela und Tobias kamen, umso mehr hatten beide den Eindruck, als ob die Büsche mehr als nur Büsche waren. Waren da nicht Gesichter? Münder? Nasen? Augen?

In sicherer Entfernung blieb Manuela stehen. Auch Tobias. Sie warteten darauf, dass einer der Büsche von neuem zu singen anfing. In einem solchen Schnee und in einer solchen Landschaft war alles möglich.

Und tatsächlich! Da war es wieder! Sie hatten sich nicht getäuscht. Es kam direkt aus den Büschen:

... Engel aus Schnee, Herz aus Eis,
komm in mein Schloss und bleib bei mir.
Es tut nicht weh, es vergeht keine Zeit,
es ist immer lustig, in alle Ewigkeit ...

Die Stimme, die die zarte Melodie sang, klang so traurig, dass den Kindern weh ums Herz wurde. So weh, dass Manuela nicht anders konnte, als weiter auf die Büsche zuzugehen.

»Bleib stehen!«, zischte Tobias hinter ihr her. Doch Manuela ging einfach weiter. Schritt um Schritt. Wie im Traum, während die Melodie noch immer lockte.

Tobias hielt sich die Ohren zu.

»Manuela, komm zurück!«, brüllte er. Da aber war Manuela bereits bei den Büschen angekommen und von einem Moment auf den anderen verschwunden. Tobias riss die Augen auf. Manuela war weg! Als wäre sie von einem der Büsche verschlungen worden.

Wie erstarrt stand Tobias. Er wagte nicht weiterzugehen. Die Landschaft erschien ihm mit einem Mal überhaupt nicht mehr wunderbar. Es war jetzt sehr still.

Wie hatten Manuela und er sich gefreut, als sie, die Schlitten hinter sich herziehend, diese unberührte Ebene mit den Hügeln rundherum entdeckten. Zuerst hatten sie ihren Augen nicht getraut. Dass da ganz in der Nähe, wo sie wohnten, eine so wunderbare Möglichkeit zum Schlittenfahren bestand, hätten sie nicht für möglich gehalten. Für sie ganz allein. Hier lag so unglaublich viel Schnee! Und dabei gab es in der Stadt, aus der sie hergelaufen waren, kaum welchen. Vor Weihnachten hatte es doch noch nie so richtig geschneit.

In diese Landschaft hatte niemand außer ihnen gefunden. Unberührt lag die Schneedecke da.

Natürlich waren Manuela und Tobias sofort den steilsten und höchsten Hügel hochgekraxelt und waren gleich wieder mit den Schlitten runtergesaust. Und wieder rauf und runter. Rauf und runter. Immer wieder. Deswegen waren sie ja schließlich hergekommen. Natürlich war ihnen in dieser Landschaft einiges seltsam erschienen. Dass die Spuren im Schnee, die die Kufen der Schlitten und sie selbst mit ihren Schuhen hinterließen, immer wieder verschwanden, zum Beispiel! Oder dass der Engel, den Manuela mit ihrem Körper in den Schnee drückte, plötzlich zum Leben erwachte und wegflog! Das hatte ihnen sogar einen ziemlichen Schrecken eingejagt. Trotzdem hatten sie immer weiter gelacht. In dieser verschneiten, wundersamen Winterlandschaft erschienen ihnen sogar die seltsamsten Dinge lustig.

Tobias war nun allerdings die Lust zu lachen vergangen. Manuela war verschwunden! Was sollte er tun? Hilfe holen? Er sah sich um. Plötzlich war er nicht mehr sicher, ob er allein den Weg in die Stadt finden würde. Er hatte keine Ahnung mehr, aus welcher Richtung sie gekommen waren. Die Landschaft erschien ihm mit einem Mal unendlich weit.

Um Hilfe rufen? Nein, das hätte keinen Sinn gehabt. Hier hätte ihn bestimmt niemand gehört.

Tobias war den Tränen nahe. Er fühlte sich so klein und allein. Eigentlich war es doch Manuela gewesen, die ihn hierhergeführt hatte. Wie so oft hatte sie bestimmt, was sie unternehmen wollten. Und wie immer war er, Tobias, begeistert gewesen von ihrer Idee. Vielleicht gibt es ja außerhalb der Stadt viel mehr Schnee als hier, hatte sie nach der Schule auf dem Nachhauseweg gesagt. So waren sie nach dem Mittagessen gleich wieder zusammengetroffen und losgezogen.

Und nun? Tobias ließ sich auf den Schlitten plumpsen und begann verzweifelt zu weinen. Was war bloß mit Manuela geschehen? Und was würde nun aus ihm werden?

Als er sich wieder etwas gefasst hatte, überlegte er. Wie konnte jemand einfach so verschwinden? In Büschen! Die Büsche hatten gar keine Gesichter! Es waren ganz normale Büsche mit Schneehauben. Manuela konnte gar nicht verschwunden sein! Sie hatte sich bloß versteckt. Ja klar! Dass er nicht früher auf die Idee gekommen war! Manuela musste sich hinter den Büschen versteckt haben. Wo denn sonst? Und jetzt sah sie ihm zu, wie er weinte! Das gemeine Biest! Na warte! Tobias stand auf.

Bloß, was war das für ein Lied gewesen? Wer hatte es gesungen? Eigentlich hatte es geklungen, als käme es von sehr weit her. Bestimmt nicht bloß von den Büschen.

Tobias blieb nichts anderes übrig: Auch er musste zu den Büschen gehen. Er tat es, Schritt für Schritt. Sehr langsam, ängstlich, jederzeit bereit, davonzurennen.

Noch drei Schritte, noch zwei, jetzt konnte er den ersten Busch berühren . . . Da erfasste ihn auch schon ein Sog und riss ihn mit sich fort.

Das Erste, was ihm danach wieder zu Ohren kam, war Gelächter. Alles drehte sich in seinem Kopf! Doch so viel konnte er erkennen: Da lachten viele miteinander, durcheinander. Es tönte ein bisschen wie auf einem Rummelplatz. Jedenfalls sehr vergnügt. Das ferne Gelächter machte Tobias Lust, dem Stimmengewirr nachzugehen und zu der fröhlichen Gesellschaft dazuzustoßen.

Tobias befand sich, das konnte er jetzt erkennen, in einem Raum, der war ganz aus Eis. Darum war ihm so fürchterlich kalt. Rund um ihn herum war glasklares Eis, durch das Licht fiel, sodass alles in geheimnisvolles Blau getaucht war. Wie mitten in einem Gletscher kam sich Tobias vor. Sogar die Einrichtung im Raum war aus Eis. Das Bett, auf dem er lag, der Tisch, sogar die Vase auf dem Tisch mitsamt den Blumen. Alles war aus Eis.

Schon klapperten ihm die Zähne und Gänsehaut überzog seinen Körper, trotz der dicken Winterkleidung.

Hastig stand Tobias auf. Nichts wie weg hier. Zu den anderen, die da noch immer fröhlich lachten. Nichts wie raus aus dem Eis in die Wärme. In die Sonne!

Tobias verließ mit staksigen Schritten den eisigen Raum durch eine Tür aus Eis, gelangte in eine Galerie aus Eis und stieg eine Treppe hinunter, die auch aus Eis war. Immer gefühlloser wurden seine Glieder vor Kälte. Schließlich konnte Tobias über eine Balustrade aus Eis schauen, hinunter in einen riesigen Saal, der auch ganz aus Eis war.

Jetzt wusste Tobias: Er befand sich in einem Schloss, das zwar wunderschön, aber durch und durch aus Eis war. Und was er jetzt, über die Balustrade gebeugt, sah, ließ ihm fast sein noch warmes Herz erstarren:

Unten in der großen prunkvollen Halle befand sich – wie hätte es in diesem Eispalast auch anders sein können – ein Eisfeld. Darauf liefen unzählige Kinder Schlittschuh. Das sah wunderschön aus, wären die Kinder nicht auch aus Eis gewesen. Da war kein Leben mehr. Auch wenn die Kinder noch so fröhlich ihre Schleifen und Kreise liefen und ihre Pirouetten drehten!

Wohl lachten sie und lärmten durcheinander, doch alles klang so gläsern und hohl, dass es Tobias noch kälter über den Rücken lief, obwohl ihm doch schon eiskalt war.

Etwas erhöht aber, auf einem Thron mitten auf dem Eisfeld, saß ein kleines Kind. Höchst vergnügt sah es dem Treiben der Schlittschuh laufenden Kinder zu und klatschte dabei immer wieder in die Hände. Es lachte und freute sich. Es schien ganz in seinem Element.

Tobias war von dem Kind noch nicht entdeckt worden. Dafür entdeckte *er* jetzt seine Freundin Manuela unter all den starren Kindern.

Dem kleinen Kind auf dem Thron schien die Kälte nichts auszumachen, obwohl es als Einziges nicht aus Eis war. Rosig und süß sah es aus. Unschuldig. Es war wirklich noch sehr klein. Es trug Windeln und war bloß in

Tücher eingewickelt. Trotz aller Unschuld aber musste genau dieses kleine Kind – Tobias war sich ganz sicher – schuld an allem hier sein. Schuld an der grässlichen Verwandlung der Kinder. Schuld an all dem Eis. Es konnte nicht anders sein, als dass diesem Kind der ganze Eispalast gehörte.

Tobias konnte sich keinen Reim auf das Ganze machen. Er ahnte nur, dass ihm das gleiche Schicksal wie den andern Kindern drohte. Er war ja auch ein Kind. Er war zwar von all der Kälte schon ganz starr. Doch noch schlug sein Herz und in seinen Adern strömte warmes Blut. *Er* war noch am Leben! *Sein* Herz war noch nicht aus Eis. Fieberhaft überlegte er, was er tun konnte. Was er tun musste.

Plötzlich entdeckte Tobias, dass er auf der Balustrade nicht allein war. Da saßen viele Engel auf dem Geländer und schlenkerten vergnügt mit den Beinen. Auch sie sahen dem lustigen Treiben auf dem Eisfeld zu. Tobias kamen die Engel merkwürdig bekannt vor. Da fiel es ihm ein: Genau so hatte der Engel ausgesehen, der sich aus Manuelas Abdruck im Schnee erhoben hatte und weggeflogen war. Also mussten all diese Engel die Schneeengel der Kinder sein. Tobias' Glück war es gewesen, dass er Manuela nicht nachgeahmt hatte. Sie allein hatte sich ausgelassen in den unberührten Schnee fallen lassen und, wild mit den Armen auf- und abrudernd, ihrem Engel Flügel gegeben. Tobias hatte keine Lust dazu verspürt, weil er keinen kalten, nassen Schnee unter seine Kleider und auf die warme Haut kriegen wollte.

Die Schneeengel auf dem Geländer links und rechts kümmerten sich nicht um ihn. Sie hatten nur Augen und Ohren für das Treiben auf dem Eisfeld.

Tobias überlegte: Vielleicht war es ja so, dass ihm hier im Eispalast nichts geschehen konnte, weil es von ihm als Einzigem keinen Schneeengel gab. Vielleicht hatte das

Kind auf dem Thron darum keine Macht über ihn. Er musste etwas versuchen. Er konnte doch nicht untätig zusehen, wie seine Freundin Manuela für alle Ewigkeit als Eiskind in diesem kalten Schloss bleiben musste. Und alle anderen Kinder mit ihr. Und bestimmt würden noch immer weitere Kinder kommen. Es konnte gar nicht anders sein!

Tobias nahm all seinen Mut zusammen und ging vorsichtig eine breite Treppe hinunter. Er konnte kaum noch gehen. Und er spürte auch sonst kaum noch was. Trotzdem zwang er sich weiterzugehen. Unten an der Treppe angekommen betrat er das Eisfeld und ging mitten zwischen all den Schlittschuh laufenden Kindern hindurch. Immer weiter. Keines der Kinder berührte ihn. Alle wichen sie ihm geschickt aus. Einmal kam Manuela ganz nah an ihn heran. Wie erschrak er über ihr starres Gesicht mit dem eingefrorenen Lächeln. Sie sah ihm direkt ins Gesicht, doch sie erkannte ihn nicht. Sie lachte nicht. Sie sang das verlorene Lied. Und schon war sie wieder weg.

> ... Engel aus Schnee, Herz aus Eis,
> komm in mein Schloss und bleib bei mir.
> Es tut nicht weh, es vergeht keine Zeit,
> es ist immer lustig, in alle Ewigkeit ...

Ein Kind nach dem anderen stimmte in das Lied ein. Dabei fuhren sie immer toller um Tobias herum. Immer schneller und schneller. Immer wilder wurden ihre Pirouetten, Kreise und Schleifen. Doch noch immer wichen sie ihm sehr geschickt aus.

Tobias wurde es schwindelig von der rasanten Kurverei. Das Lied wurde immer lauter und schriller. Und immer wieder sangen die Kinder es von vorn. Bald kam es Tobias so vor, als schleppe er sich durch einen Orkan.

Das Kind auf dem Thron – Tobias war nun bald bei

ihm – lachte vergnügt. Und klatschte ausgelassen in die Hände. Es jauchzte. Kaum jedoch hatte Tobias den Thron erreicht, krähte das Kind unvermittelt los, sehr durchdringend und laut. Schon standen alle Kinder stocksteif und hatten zu singen aufgehört.

Wie unheimlich das war! Da stand Tobias und wusste nicht was sagen. Das Kind auf dem Thron hatte ein runzelig-schrumpeliges Gesicht, so dass es uralt und sehr jung zugleich aussah. Es blickte Tobias interessiert an. Tobias starrte zurück. Die Eiskinder scharten sich zusammen und kamen Tobias immer näher. Was für eine zusätzliche Kälte sie verbreiteten! Wie starr und ausdruckslos ihre Augen waren! Schon war Manuela ihm ganz nah. Er hätte sie berühren können. Er hätte ihr gern etwas zugeflüstert. Ihr geheimes Wort. Doch bestimmt hätte sie ihn auch dann nicht erkannt.

Nur noch ein paar Schneeengel saßen auf dem Geländer der Balustrade. Die anderen flatterten und flogen aufgeregt über das Eis und über die Köpfe aller, die da waren, hinweg.

»Wo ist dein Schneeengel?«, fragte das Kind nun mit einer hohen, piepsigen Stimme.

»Ich habe keinen«, antwortete Tobias.

»Warum nicht?«, piepste das Kind.

Tobias schwieg.

»Jedes Kind hier muss einen Schneeengel haben«, piepste das Kind. »Sonst kriegt es kein Herz aus Eis und darf nicht in meinem Palast bleiben.«

Tobias wagte nicht einzuwenden, dass er gar nicht bleiben wollte. Er musste höflich bleiben. Das war jetzt sehr wichtig. Für alle.

»Wie bekommt man denn hier einen Schneeengel, wenn man noch keinen hat?«, fragte er deshalb.

»Schwierig, schwierig«, piepste das Kind. »Aber nicht unmöglich. In einer der Kammern gibt es ein Schneefeld, da kannst du dein Versäumnis nachholen.«

»Wer bist du?«, fragte Tobias hastig, um das Kind auf andere Gedanken zu bringen.

Da kicherte das Kind noch mehr.

»Das hat mich noch kein anderes Kind gefragt. Kinder mit Herzen aus Eis fragen nicht mehr. Da du nun aber gefragt hast, will ich dir gerne antworten, auch wenn du die Antwort gar nicht wissen dürftest. Diese Abwechslung gefällt mir für einmal. Wenn dein Herz erst zu Eis geworden ist, und das wird es bald sein, wirst auch du wieder vergessen, was du jetzt erfährst. Und du wirst keine Gefahr für mich sein, auch wenn ich dir nun mein Geheimnis verrate.«

Das Kind hatte eine seltsame Art zu reden. Immerzu gluckste und kicherte es dabei und war nur schwer zu verstehen. Tobias musste sich alle Mühe geben, damit ihm nichts entging. Es war doch so wichtig, dass er jedes einzelne Wort verstand.

»Ich hätte vor langer Zeit auf die Welt kommen sollen«, fuhr das Kind fort. »Doch ich fand den richtigen Ort nicht. Und da war niemand, der mir weiterhalf. So irrte ich lange herum, es war vor Weihnachten und es war schrecklich kalt. Je länger ich herumsuchte und je verzweifelter ich wurde, um so eisiger wurde mir ums Herz. Und als mein Herz schließlich ganz zu Eis geworden war, da war es zu spät. So richtete ich mich hier ein. Ich baute mir einen Palast. Weil ich so schrecklich einsam war, lockte ich Kinder als Spielgefährten her. Das war nicht schwer. Ihre Wärme machte mein Herz wieder warm und lebendig. Mein Herz ist nicht mehr aus Eis. Weil ich das Eis immerzu verteilen kann.«

»Gefällt dir dieses Leben denn?«, fragte Tobias atemlos. Es war so ungeheuerlich, was er da vernommen hatte. Und so traurig auch.

»Ja, sehr!«, antwortete das Kind. »Nur ist es schade, dass all die Kinder hier nicht wirklich fröhlich sind.«

Da hatte Tobias eine Idee. Sie kam wie ein Blitz aus heiterem Himmel. So kannte er sich gar nicht. Er war sonst nicht voller Ideen. Er überließ das Ideenhaben lieber anderen. Manuela zum Beispiel. Die sprühte immer vor Ideen. Und er bewunderte sie dafür. Jetzt aber hatte er diese Idee. Und er musste sie dem Kind mitteilen. Er hörte sich selbst verwundert zu, als er sprach.

»Es ist Zeit für dich, dass du es mit den Menschen noch einmal versuchst. Ich will dir helfen, deinen Platz zu finden, wo du bleiben kannst.«

Da kicherte das Kind plötzlich nicht mehr. Sondern bekam einen sehr neugierigen und gespannten Ausdruck im Gesicht und beugte sich weit vor. Fast musste Tobias lachen, so eifrig und rührend sah das Kind plötzlich aus.

»Da du als Neugeborenes auf die Welt kommen sollst, weiß ich genau die richtige Gelegenheit dazu«, flüsterte Tobias geheimnisvoll. »Wir proben in der Schule ein Krippenspiel. Manuela, das Mädchen hier« – er zeigte auf Manuela –, »ist meine Freundin und sie wird die Maria spielen. Ich bin der Josef. Wir erwarten ein Kind. Das Kind bist du. Du wirst uns im rechten Moment von einem Engel gebracht. Davon gibt es ja hier genug.« Tobias zeigte auf die Schneeengel, die schon lange nicht mehr aufgeregt herumschwirrten, sondern wieder oben auf dem Geländer saßen und gespannt zuhörten. »Du wirst also Maria und Josef von einem Engel in die Krippe gelegt. Und das war's dann auch schon. Du bist plötzlich da und man wird sich um dich kümmern müssen. Die Erwachsenen werden alles regeln. Sie werden sehr aufgeregt sein, weil niemand weiß, woher du kommst. Doch bestimmt werden sie eine gute Lösung für dich finden. Einen schönen Ort in einer netten Familie. Mit Sicherheit wirst du das Wunder dieser Weihnacht sein, das niemand je wieder vergessen wird.«

Tobias sprach wie im Traum. Natürlich musste das Kind als Gegenleistung alle Kinder frei lassen und dafür garantieren, dass sie wieder normale Kinder wurden. Ohne Herz aus Eis, mit einem warmen, schlagenden Kinderherzen. An alles dachte Tobias. Wie geschickt er verhandeln konnte. Wie erstaunt er sich selbst zuhörte. Und noch immer weiter redete er. Dabei hatte er das Kind auf dem Thron schon lange überzeugt.

Tobias hatte sich in seinem Eifer richtig schön warm geredet. Und so müde, dass er nun auf der Stelle, mitten im Reden und im Stehen, einfach einschlief. Mit einem seligen Lächeln im Gesicht und der Gewissheit, dass alles genau so geschehen würde, wie es seine Idee war.

8.

Christoph Meckel

Schneetiere

Ich hörte, dass Schneetiere, ausgehungert, in die Wohnungen der Menschen vordringen, über kilometerbreite Meerstraßen auf schneearme Inseln kommen, die ihnen ergiebiges Weideland versprechen. Ich hörte von Armut und Unwirtlichkeit ihrer Wohnplätze und dass es schwierig sei, sie zu Gesicht zu bekommen, unmöglich, sie zu erlegen. Man sagte mir: Über der Schneegrenze, wenn überhaupt, wirst du sie finden, schnelle weiße Schatten vor dem Schnee, Lebewesen wie Schneeflocken, spurlos.

Ich mietete eine Hütte im Gebirge, ließ Nahrungsmittel kommen, Holz für die Schneezeit, tausend Schuss Munition und zwei gute Gewehre. Meine Absicht war, die Schneetiere zu beobachten, doch behauptete ich, meine Absicht sei die Jagd. Es leuchtet immer ein, wenn einer mit dem Gewehr über der Schulter an Gebirgshöfen vorbeikommt und behauptet, er sei auf der Jagd nach Schneetieren. Man wird ihm zwar sagen, davon verstünde er nichts und sei hier fremd (das Schneehuhn zum Beispiel sei kein Schneetier), aber man wird ihn in Ruhe lassen.

Ein paar Wochen lang war ich im Gebirge unterwegs, suchte liegenden und fallenden Schnee, verhängten und offenen Himmel nach Schneetieren ab, hoffte, dass sich ein Schneetier durch Bewegung verrate, bekam aber keins zu Gesicht. Ich ging geräuschlos durch tiefen und flachen Schnee, hielt Ausschau von Felsen und Halden, saß horchend in Mulden und ließ mich verschneien. Ich stieß das Gewehr ins Unterholz, verbreitete Lärm mit Schüssen und Rufen, ohne Ergebnis. Ich dachte: Sie sind scheu, sie sind vielleicht neugierig. Man muss wissen, wie sie reagieren, man muss zunächst ein Schneetier gesehen haben (kein Mensch schien jemals ein Schneetier gesehen zu haben), um sich ihm gegenüber richtig zu verhalten. Man muss erreichen, dass sie aus ihren Verstecken kommen, absichtlich oder zufällig. Man muss erreichen, dass die weiße Grenze von ihnen durchbrochen wird, Geräuschlosigkeit, Schneetarnung, denn sie sind nicht unsichtbar.

Wo immer sich ein Tier durch Bewegung verriet, aus dem Gestrüpp flog oder aufgeschreckt über eine Halde lief – es handelte sich in keinem Fall um ein Schneetier. Ich erlegte Hasen und Füchse, Krähen und Murmeltiere, die Jagd ernährte mich, brachte aber kein Schneetier zum Vorschein.

Wie leben sie denn, überlegte ich. Wo würde ich mich an ihrer Stelle verbergen.

Im dichten Schnee, in der Wurzelhöhle des Baums, in der Mulde unter dem Fels würde ich mich versteckt haben und durch wachsende Schichten Schnee einen Rest von Licht im Auge behalten. Ich würde vorbeigehen lassen, was geht, Schuh oder Pfote, vorbeifliegen lassen, was fliegt, Schrot oder Vogel. Ich würde sein und bleiben unter dem Schnee. In der Gewissheit, unauffindbar zu sein, wäre ich zufrieden im Schnee, der mir den Namen gab.

Meine Gedanken brachten mich nicht weiter. Lawinen, Schneefall und Schneeschmelze halfen nicht. Ich entdeckte kein Schneetier. Nach ein paar Wochen gab ich die Suche auf und fing etwas anderes an.

Ich verbrachte die Tage in meiner Hütte vorm Feuer und versuchte mir vorzustellen, wie sie aussehen und was sie tun (außer im Schnee zu sein und dort zu bleiben), wovon sie sich ernähren und wie sie sich zueinander verhalten. Waren sie Vierbeiner oder Vögel? Alles schien möglich und weniges treffend, nichts war gewiss.

Ich kam zu dem Ergebnis, dass es ihren Namen, nicht

aber sie selber gab. Es gab keine Schneetiere, jedenfalls keine, die ein Jäger als Beute vorweisen konnte. Doch gab es Schneetiere insofern, als ihr Name vorhanden war, Vorstellungen erweckte und Jäger und Forscher ins Gebirge zog. War nicht die Tatsache, dass ich mich ein paar Wochen lang mit Schneetieren, nichts als Schneetieren beschäftigt hatte, ein Beweis für ihr Vorhandensein! Wo immer Schnee fiel, wurden Schneetiere lebendig. Man sprach ihren Namen aus und versuchte sich vorzustellen, wer sie waren und wo sie lebten. Und wer wusste denn, ob nicht in schneelosen Ländern gerade Schneetiere glaubhafter waren als Gürteltiere und Feuerfliegen.

Ich verstand, dass das Unsichtbare ein Reichtum ist, der nicht zerstört, nur vermehrt werden kann.

Ich verließ die Hütte und kehrte heim. Auf die Frage, wo ich gewesen sei, antwortete ich mit Berichten vom Schneetier. Ich trug dazu bei, wie viele vor mir, dass von Schneetieren die Rede war. Und ich werde dafür sorgen, dass, solange ich lebe, das Schneetier lebendig bleibt. Was immer ausstirbt, dem Vergessen anheimfällt – das Schneetier nicht. Wir sind viele.

9.

Franz Hohler

Der Schrank

Eine Frau stand einmal mitten im Wohnzimmer und schaute ihren Schrank an. Lange überlegte sie sich, was sie eigentlich tun wollte. Sie trug einen Stapel schwerer Bettlaken auf ihren Händen, und jetzt kam ihr wieder in den Sinn, dass sie diese Bettlaken an einen neuen Ort legen wollte. Dieser neue Ort war das unterste Fach des Wohnzimmerschrankes. Sie hatte es schon lange nicht mehr geöffnet und wusste nicht genau, was eigentlich darin versorgt war, Dinge jedenfalls, die sie nur selten brauchte.

Sie kauerte sich also mit ihren Bettlaken nieder, öffnete die Schranktür und schrie laut auf. Ein dunkler kleiner Schatten flitzte heraus, sie ließ die Leintücher sofort los, merkte, dass sie auf diesen Schatten fielen und stemmte beide Hände auf das Bündel, kniete auch darauf und drückte so lange mit ihrem ganzen Gewicht, bis sich unter den Tüchern nichts mehr regte.

Dann hob sie das Bündel vorsichtig auf. Darunter lag eine zerquetschte Ratte. Die Frau holte einen Plastiksack und eine Zeitung, fasste die Ratte mit der Zeitung an, warf sie voller Ekel in den Plastiksack und schmiss dann alles in den Abfalleimer. Als sie aufatmend in die Stube zurückging, hörte sie im Schrankfach ein Rascheln und ein Piepsen. Erst nach einer Weile wagte sie hineinzublicken, und da sah sie in der Kartonschachtel mit dem Christbaumschmuck ein Nest mit einem halben Dutzend kleiner Ratten, die hilflos in der Schachtel herumkrabbelten.

Die Frau setzte sich auf die Bettlaken und schaute lange in den Schrank.

Dann ging sie in die Küche, füllte ein kleines Schälchen mit Milch und stellte es zu den jungen Ratten in die Schachtel mit dem Christbaumschmuck.

10.

Iris Anna Otto

Lauras Blockflöte

Bei Wuddi sollte Weihnachten in diesem Jahr ausfallen. Seine Mutter hatte gesagt, er sei jetzt alt genug und man könne sich das ganze Theater sparen. Wuddis Mutter findet Weihnachten nämlich beknackt. Bloß wegen Wuddi hatte sie bis jetzt mitgemacht. Er sollte das Gefühl haben, dass bei ihm zu Hause alles so ist wie bei anderen Kindern auch. Besonders seit Wuddis Vater abgehauen und zu der Zimtzicke gezogen ist. Schlimm genug, dass die Zimtzicke Wuddi in der Vorweihnachtszeit immer mit selbst gebackenen Zimtsternen vollstopft, hatte seine Mutter gemeint, von der anschließenden Kotzerei würde ja die nichts mitkriegen. Und dass Wuddi und sie sich von jetzt ab wie zwei vernünftige Menschen benehmen würden, auch wenn alle anderen vom Weihnachtswahnsinn gepackt seien. Wuddi tat so, als sei ihm das piepegal.

»Voll cool«, habe ich auf dem Heimweg von der Schule zu Wuddi gesagt und ihm einen freundlichen Stoß gegen die Schulter versetzt. Und Wuddi zog den Rotz in der Nase hoch und ließ die dünne Eisschicht über einer Pfütze unter seinem Stiefelabsatz krachen.

Er zwinkerte mir zu: »Geschenke krieg ich auch so. Von meinem Vater.«

Geschenke! Rund um meinen Bauchnabel hagelte es tausend Stecknadeln. Klar, Mann! Geschenke sind kein Problem, wenn man einen Vater hat, der ein hohes Tier ist bei Thyssen-Krupp und der mindestens dreimal im Jahr nach Australien, China oder Südamerika fliegen kann!

Mein Vater war in diesem Jahr rausgeflogen. Bei Holzmann.

Ich kickte eine Eisscherbe aus Wuddis Pfützenbruch zur Seite.

»Bei uns gibt es dieses Jahr keine Geschenke«, sagte ich, »höchstens was zum Anziehen. Meinetwegen könnte Weihnachten bei uns auch ausfallen.«

»In anderen Ländern kennen die Leute Weihnachten nicht mal«, erklärte Wuddi, »die Eskimos zum Beispiel, die würden sich an die Stirn tippen, wenn man ihnen einen Tannenbaum mit Lametta in den Iglu stellen würde.«

»Logo«, antwortete ich, »die fangen ganz normal ihre Fische und denken nicht daran, Strohsterne zu basteln oder *Stille Nacht* auf der Blockflöte zu üben.«

Wuddi grinste. »Laura?«

Ich nickte. Laura, meine kleine Schwester, nervte schon seit Tagen mit ihrer dämlichen Blockflöte. Und man konnte rein gar nichts dagegen machen. Weil Weihnachtslieder nun mal zu Weihnachten gehören, wie Mama behauptete, und weil man Laura nicht die Vorfreude aufs Fest verderben dürfte. Außerdem sei Weihnachten das Fest der Liebe und deshalb sollte ich mich gefälligst zusammenreißen und nicht ständig wegen der Blockflöte meckern. Und Papa sollte doch auch mal was zu dem Thema sagen. Papa klemmte sich die Zeitung mit den Stellenanzeigen unter den Arm und sagte, er müsse aufs Klo.

Ich stöhnte. »Keine kleine Schwester! Kein Weihnachten! Und trotzdem Geschenke! Wuddi, du hast ja keine Ahnung, was für ein Glückspilz du bist!«

»Heeh!«, schrie Wuddi plötzlich und fuchtelte aufgeregt mit dem Zeigefinger herum.

Auf dem Parkplatz vor der Post standen mindestens zwanzig rot gekleidete Weihnachtsmänner mit weißen Bärten herum. Sie tranken aus dampfenden Tassen und lachten und sangen *Kling Glöckchen, klingelingeling.* Nicht besonders schön, aber laut.

»Was machen die denn da?«

»Die feiern«, sagte Wuddi.

»Weihnachten?«

»Der 24. ist doch erst in vierzehn Tagen.«

»Aus dem Weg, Jungs!«, tönte eine Bassstimme hinter uns. »Lasst den ollen Paule mal mit dem Proviant durch!«

Wuddi und ich fuhren herum und starrten auf den gewaltigen Bauch eines Weihnachtsmannes, der fünf große Tüten in den Armen hielt.

»Na, was ist nun?«, fragte der Weihnachtsmann, der Paule hieß.

Wuddi machte einen Schritt nach rechts, Paule auch. Paule wich nach links aus, Wuddi auch. Ich hüpfte nach ganz links. Paule ebenso. Und dann prallten wir alle in der Mitte des Gehwegs aufeinander. Die Tüten fielen aufs Pflaster. Äpfel, belegte Brötchen, eine Tube Senf und in Plastikfolien eingeschweißte Mini-Salamis lagen vor unseren Füßen.

Wuddi und ich bückten uns gleichzeitig, um die Sachen wieder einzusammeln, und stießen prompt mit den Köpfen gegeneinander.

»Zzzzhh. Zzzzhh. Zzzzhh«, zischte Paule durch die Zähne. »Ihr bleibt jetzt da stehen und bewegt euch nicht mehr, keinen Zentimeter, hört ihr?« Schwer atmend begann er damit, die verstreuten Lebensmittel aufzuheben. »Keinen einzigen Zentimeter, hab ich gesagt.« Paule wischte einen Apfel an seinem roten Hosenbein sauber und stopfte ihn zurück in die Tüte. »So was aber auch.« Er pellte eine Salami aus ihrer Verpackung und biss hinein.

Wuddi und ich betasteten unsere frischen Beulen.

»Was machen Sie da eigentlich?«, fragte Wuddi: »So viele Weihnachtsmänner auf einmal?«

Paule richtete sich schnaufend auf und drückte Wuddi

eine Tüte in die Arme. »Abhauen. Was denn sonst? Vor Weihnachten kann man doch nur abhauen.«

»Sie? Als Weihnachtsmann?« Ich staunte.

Ein Reisebus fuhr an uns vorbei und stoppte bei der Gruppe Tassen schwenkender Weihnachtsmänner.

»Wollen die etwa alle abhauen?«, fragte Wuddi.

»Genau so ist es.« Paule stemmte die Tüten vom Gehweg in seine Arme. »Dann macht's mal gut, Jungs.«

Wir glotzten ihm nach. Und den anderen Zipfelmützen, die jetzt ihr Gepäck im Kofferraum des Busses verstauten.

»Einsteigen! Die Türen schließen! Vorsicht bei der Abfahrt!«, rief einer der Weihnachtsmänner und blies in eine Trillerpfeife, dass einem die Ohren abfallen konnten.

»Mensch, Wuddi! Die Tüte!«, schrie ich. Die hielt Wuddi nämlich immer noch fest.

Wir sausten los. Beinahe hätten wir den Bus nicht mehr erwischt. Wuddi rutschte im Schneematsch aus und zum zweiten Mal innerhalb kürzester Zeit kullerte alles, was in der Tüte war, auf dem Boden herum. Als wir endlich beim Bus waren, hatte der die Türen schon geschlossen. Wir hämmerten mit den Fäusten dagegen. »Aufmachen! Aufmachen! Wir müssen zu Herrn Paule!«

Der Busfahrer erhörte uns und ließ uns einsteigen.

Jetzt hätten wir Paule den vergessenen Proviant überreichen und ihm eine gute Reise wünschen können. Vielen Dank auch, hätte Paule gesagt, und schöne Weihnachten noch. Wir hätten den Bus verlassen und wären nach Hause gegangen, wo unsere Mütter längst mit dem Mittagessen auf uns warteten. Es kam aber anders und das war nicht unsere Schuld.

Zuerst war es unmöglich, Paule überhaupt zu finden. Die Weihnachtsmänner benahmen sich nämlich wie ein Sauhaufen. Sie schwatzten und einige sangen immer noch lautstark, wie kalt es im Winter ist und dass man ihnen die Türen öffnen solle, damit sie nicht erfrieren. Sie standen im Gang und knieten auf den Sitzen und machten so ziemlich alles, was Herrn Appel, unseren Sportlehrer, zur Weißglut bringt, wenn unsere Klasse mit dem Bus von der Schule zum Hallenbad fährt. »Sauhaufen, elender!«, brüllt Herr Appel dann, »was hat man euch zu Hause beigebracht?«

Zu Erwachsenen sagt man so etwas nicht.

Wir standen, Paules Tüte zwischen uns, eingekeilt im Gang des Busses und kamen nicht vorwärts und nicht rückwärts. Wuddi zupfte dem Weihnachtsmann, der uns den Hintern zuwandte, an der Zipfelmütze. Der merkte es nicht mal. Wuddi riss ihm die Zipfelmütze ab. Der Weihnachtsmann drehte sich nicht um, sondern redete auf jemanden ein, den wir nicht sehen konnten. Ich nahm Wuddi die Zipfelmütze ab und setzte sie ihm auf den Kopf.

Von oben kam eine Hand und zog Wuddi die Mütze wieder ab: »Wer hat denn die kleinen Briefmarkenfreunde mitgebracht?«

Wir verrenkten unsere Hälse, um den Frager anzusehen. Es war Paule.

»Ihre Tüte«, sagte Wuddi.

»Oh!«, sagte Paule.

»Ist die *Blaue Mauritius* da drin?«, fragte der Weihnachtsmann neben uns und bekam einen Hustenanfall.

»Was für eine blaue Mauritius? Wir haben nichts gegessen. Es ist noch alles drin!«

»Die blaue Mauritius ist nicht zum Essen«, polterte Paule los: »Das ist eine Briefmarke und die schleppt man auch nicht in einer Plastiktüte durch die Gegend.«

»Eh-eh-eh-ehrlich«, stotterte Wuddi, »ich hab noch nie in meinem Leben eine Briefmarke gegessen.«

»Bloß abgeleckt!«, lachte der Weihnachtsmann neben uns und schlug sich vor Vergnügen auf die Knie.

So komisch fand ich das alles gar nicht. Ich verdrehte die Augen und sagte so gelangweilt wie möglich: »HA. HA. HA.«

Das fanden alle erst richtig lustig. Denn jetzt ging ein Gejohle und Gebrüll los, dass Herr Appel auf der Stelle tot umgefallen wäre.

Endlich kriegte sich die Bande wieder ein.

Paule klopfte besänftigend auf meine Schulter. »Nun sei mal nicht gleich beleidigt«, meinte er, »Späßchen muss sein, sonst macht alles keinen Spaß.«

»Die Weihnachtsmänner, die ich kenne …«, holte ich aus.

»… sind bestimmt keine vom Verein der Briefmarken-freunde Nieder-Bärbach«, beendete Paule meinen Satz.

Und damit hatte er Recht. Die Weihnachtsmänner, die am Abend des Nikolaustages zu uns gekommen waren, hießen in Wirklichkeit Onkel Günther und Opa Bernd. Sie redeten mit verstellten Stimmen und wussten haarklein Bescheid, wann Laura und ich uns das letzte Mal gezofft hatten und wer wem die Zahnbürste versteckt hatte.

Warum sich zwanzig Briefmarkenfreunde aus Nieder-Bärbach als Weihnachtsmänner verkleidet hatten, um vor Weihnachten abzuhauen, hätte ich gerne gewusst. Aber Paule sagte nur, dass Weihnachten halt eine blöde Zeit sei.

»Wegen dem Weihnachtswahnsinn«, erklärte Wuddi fachmännisch.

»So ähnlich«, murmelte Paule und schien auf einmal ziemlich traurig.

Wuddi kramte eine Mini-Salami aus der Tüte, die er immer noch hielt, und streckte sie Paule entgegen.

»Lass mal gut sein, Kleiner.« Paule tätschelte Wuddi den Kopf, dann schob er seine Zipfelmütze zurück und kratzte sich an der verlängerten Stirn. »Vermissen euch eure Eltern eigentlich überhaupt nicht?«

»Wieso?«

»Na ja«, sagte Paule, »die wissen doch nicht, dass ihr unterwegs seid.«

»Umkehren ist nicht drin«, behauptete der Busfahrer, »weil wir schon eine ganze Weile auf der Autobahn sind.« An der nächsten Raststätte anhalten, ja, das wäre möglich. Und von da aus könnten Wuddi und ich zu Hause anrufen.

»Wie weit ist es bis dahin?«, fragte Wuddi.

»Etwa dreißig Kilometer.«

»Meine Mutter kriegt voll die Migräne«, stöhnte Wuddi.

»Wenn es das bloß ist.« Paule drückte Wuddi auf den Schoß eines Weihnachtsmannes und schob ihm die Salami in den Mund. »Hat jemand 'ne Cola?«, fragte er, »damit unser Freund nachspülen kann?«

»Meine Eltern«, sagte ich, »die ...«

Dann rummste es!

Und wurde still und lauter schwarze Watte um mich herum.

Bis die Welt in weißer Watte wieder auftauchte. Weiße Wände, weiße Betten, weiße Kittel, aus denen besorgte Köpfe auf mich herab sahen.

»Alles wird wieder gut«, sagte eine Stimme.

Alles wird wieder gut, dachte ich und schlief weiter.

Als es Heilig Abend wurde, hatte ich genug geschlafen. Wuddi, der in dem Bett neben mir lag, auch. Mit seinem Totenkopfverband, der nur ein paar Öffnungen für Mund, Nase und Augen hatte, sah er aus wie ein Alien.

»Nach Hause gehen«, sagte Wuddi.

»Kommt überhaupt nicht in Frage«, erwiderte Schwester Roxana, die auf der Kinderstation des Krankenhauses das Oberkommando führte. »Ihr wisst, was der Arzt gesagt hat. Und jetzt mach den Mund auf.«

Wuddi gehorchte und Schwester Roxana schob ihm einen Teelöffel voll mit einer widerlichen Flüssigkeit zwischen die Mullbinden.

»Heute Nachmittag bekommt ihr Besuch von euren Familien«, sagte sie. »Und abends wird hier sowieso geschlafen.«

»Voll super«, stöhnte ich, »fehlt uns nur noch das Sandmännchen für die Party.«

Zehn Minuten nach dem Mittagessen ging es los. Wuddis Vater und die Zimtzicke, die in Wirklichkeit Frau Müller-Hollendorf hieß, waren unsere ersten Besucher. Sie hatten nicht viel Zeit, weil sie am selben Tag noch in den Jahresendeurlaub auf die Malediven fliegen mussten und weil Flugzeuge niemals warten, wie Wuddis Vater erklärte. Aber man könne ja später noch miteinander telefonieren. Wuddys Vater legte ein Handy auf die Bettdecke seines Sohnes: »Für dich. Mailbox hab ich dir schon eingerichtet.« Die Zimtzicke strahlte und ich dachte darüber nach, was an Frau Müller-Hollendorf zimtzickig war, und kam zu keinem Ergebnis.

Dann kündigten sich meine Leute an. Schon lange bevor die Tür zu unserem Zimmer aufging, hörten wir Lauras Blockflöte. Komisch, dass sich mein Herz auf einmal über die schrägen Töne freute. Es fing an, in meiner Brust Trampolin zu hüpfen. Immer höher, immer dichter heran an die Rippen. Als sich die Zimmertür endlich öffnete und Mama, Papa und Laura dastanden, wäre es ihnen fast entgegengesprungen! Ich vielleicht auch. Aber das soll mir erst einmal jemand vormachen, der wie ich einen Gipsfuß hat.

Nachher, als mich Schwester Roxana in einen Rollstuhl verfrachtet hatte, war der Gipsklumpen an meinem Bein kein Problem mehr. Ich rollte auf den Krankenhausgängen herum und kam als Erster beim Weihnachtssingen der

Schwestern unterm geschmückten Baum an. Mama, Papa und Laura lahmten hinterher. Na gut, sie hatten auch Wuddi mit dem Ballonkopf dabei ...

Die Krankenschwestern spitzten die Lippen zum Lied von dem entsprungenen Ross, oder der entsprungenen Rose – so genau kenne ich mich da nicht aus. Ist ja auch egal. Andere singen heutzutage *Waddehaddedudeda*. Und da weiß morgen auch keiner mehr, was das bedeuten soll.

Ein Mann im karierten Bademantel stellte sich neben meinen Rollstuhl. »Na, wie geht's dir denn so?«

Seine Stimme kam mir bekannt vor. Aber ich hatte keine Ahnung, wer er war.

»Erkennst du mich nicht mehr?«

Jetzt fiel bei mir der Groschen. »Sie sind von den Brief-markenfreunden, der mit der blauen Mauritius«, sprudelte ich los. »Sind die anderen Weihnachtsmänner auch hier? Und Herr Paule?«

»Paule ist da und noch ein paar andere.«

Mama, Papa, Laura und Wuddi kamen an.

»Das sind meine Eltern«, erklärte ich, »und meine Schwester Laura. Meinen Freund Wuddi brauche ich Ihnen ja nicht vorzustellen.«

»Ach, du heiliges Kanonenrohr«, brummelte der Brief-markenfreund, als er Wuddi mit seinem eingewickelten Kopf sah: »Euch hat es aber arg erwischt. Tut mir wirk-lich Leid.« Er schüttelte zuerst Wuddi und dann meinen Eltern die Hände. »Tut mir so Leid für die Jungs. Weih-nachten im Krankenhaus ...«

»Hauptsache, alle leben noch«, antwortete Mama.

»Und Sie haben den Bus ja nicht gefahren«, sagte Papa.

Der Mann im karierten Bademantel schüttelte den Kopf. »Hab ich nicht, aber der Unfall wäre mir auch pas-siert. Weil der LKW vor uns plötzlich seine Ladung verlo-ren hat, jede Menge Tannenbäume auf der Fahrbahn!«

»Voll der Weihnachtswahnsinn!«, sagte Wuddi.

»Und das war dann das Ende eines Weihnachtsmännerbetriebsausflugs«, meinte Papa.

»Nein, nein, wir sind keine Firma mit lauter Weihnachtsmännern, die Verkleidung war bloß Gaudi«, erzählte der Mann. »Es ging um Paule, er ist der erste Vorsitzende der Briefmarkenfreunde Nieder-Bärbach. Und jedes Jahr am ersten Weihnachtstag haben er und seine Frau den halben Verein zu einem großen Weihnachtsfrühstück eingeladen. Darauf haben wir uns schon immer lange im Voraus gefreut. Aber Paules Frau, die Karoline, ist im letzten Sommer gestorben. Wir dachten, wenn wir mit Paule wegfahren, dann übersteht er die Feiertage leichter, dann muss er nicht immerzu daran denken, wie es mit der Karoline war.«

Die Geschichte von Paule und seiner Frau hatte mich traurig gemacht. Ich stellte mir vor, wie ich mich fühlen würde, wenn einer aus meiner Familie gestorben wäre. Dass Weihnachten dann eine ganz besonders schlimme Zeit ist, konnte ich gut verstehen. In meinem Hals saß ein dicker Kloß, der auch nicht verschwinden wollte, als Mama die Geschenke, die sie mir mitgebracht hatte, auf den Tisch in unserem Krankenzimmer stellte: Zwei bunte Teller mit Süßigkeiten für Wuddi und mich, ein neuer Schlafanzug und ein Buch über einen Hund, der angeblich ein gelbes Herz hatte.

Als Wuddis Mutter kam, wollten Mama, Papa und Laura sich verabschieden. Und plötzlich bekam ich Angst, dass ich die drei nie wieder sehen würde. Wuddi und ich waren mit dem Bus verunglückt. Das konnte Laura, Papa und Mama doch auch auf der Heimfahrt passieren.

»Noch nicht gehen«, bettelte ich. »Laura soll erst noch was auf der Blockflöte spielen.«

Mama sah mich verwundert an. »Willst du das wirklich?«

Ich nickte eifrig und Laura legte sofort los. Nacheinander spielte sie *Stille Nacht, Oh du fröhliche, Morgen kommt der Weihnachtsmann* und dann wieder *Stille Nacht.* Meinetwegen hätte Laura ihr ganzes Programm noch zehnmal wiederholen können, aber Mama sagte, dass Oma Gisela und Opa Bernd um sieben Uhr zum Abendessen kämen und deshalb könnten sie jetzt leider nicht mehr bleiben. Morgen, gleich nach dem Mittagessen, da sei sie wieder da.

Sie umarmte mich. Papa gab mir die Hand. Meine kleine Schwester Laura legte ihre Blockflöte auf meinen Nachttisch. »Ich lass sie da für dich«, flüsterte Laura mir ins Ohr, »damit du auch noch ein bisschen Weihnachten feiern kannst.«

Wuddi und ich waren allein. Er drückte auf den Tasten seines neuen Handys herum. Aber mit dem Telefonieren klappte es nicht, weil Wuddys Vater die Gebrauchsanweisung für das Teil aus Versehen mitgenommen hatte und Wuddy nicht einmal die PIN-Nummer kannte.

»Kacke«, sagte Wuddy, »Scheißkackhandy, beklopptes!«

»In Krankenhäusern soll man sowieso nicht mit Handys rummachen«, klärte ich ihn auf.

Wuddy verstaute das Gerät unter seinem Kopfkissen. »Was machen wir jetzt?«, fragte er.

»Nix.« Ich schluckte.

Eine Weile sagte keiner was. Ich zog den Rotz in meiner Nase hoch.

»Heulst du?«

»Ich? Nö.« Ich putzte mir die Nase.

»Denk an die Eskimos«, sagte Wuddy, »die fangen ganz normal ihre Fische und pfeifen auf Weihnachten.«

An unserer Zimmertür klopfte es.

Wuddy und ich sahen uns fragend an.

Die Tür öffnete sich einen Spalt breit.

»Jemand zu Hause?!«, tönte eine Bassstimme.

»Paule!«, rief ich. »Das ist Paule!«

Da stand er. Mit roter Zipfelmütze und weißem Hängebart über einem blauweiß gestreiften Schlafanzug. Er warf in Plastikfolien eingeschweißte Mini-Salamis auf unsere Bettdecken.

»Mann! Paule!«, schrie ich. Und der Kloß, den ich bis jetzt in meinem Hals gespürt hatte, floppte aus mir heraus.

»So«, sagte Paule, »jetzt feiern wir Weihnachten.«

11.

Herbert Friedmann

Das verlorene Weihnachtskind

»Du hast mir versprochen, dass wir auf den Weihnachts-markt gehen!« Anna stampfte wütend auf.

»Fang bloß nicht an mich zu nerven!«, rief Alfons. Sein rechter Zeigefinger schoss in die Höhe. »Du weißt doch, wir haben längst nicht alle Weihnachtsgeschenke beisammen.«

»Ich mag aber nicht mehr«, nölte Anna.

Die Beine schmerzten, der Kopf brummte. Ein paar blaue Flecken hatte sie auch, weil sie von rücksichtslosen Erwachsenen angerempelt worden war.

»Du hast es mir versprochen«, sagte Anna.

»Wenn du keine Ruhe gibst, bringe ich dich ins Fund-büro für verloren gegangene Weihnachtskinder«, sagte Alfons.

»Ich bin kein Weihnachtskind!«, brummte Anna.

»Leider nicht«, seufzte Alfons. »Weihnachtskinder sind brav und quengeln nicht, wenn sie mit ihrem Vater Ge-schenke einkaufen. Sie lernen Weihnachtsgedichte aus-wendig und singen Weihnachtslieder...«

»Und ein Weihnachtsvater hält, was er verspricht!«, entgegnete Anna.

Alfons zerrte sie ins nächste Kaufhaus. Sie drängelten sich durch die Abteilungen, fuhren Rolltreppen rauf und runter. Ab und zu blieb Alfons stehen und durchwühlte einen Wühltisch. Nichts gefiel ihm. Als sie wieder an der frischen Luft waren, dämmerte der Abend. Anna blinzelte einem Lama zu, das um Futtergeld bettelte. Sie schwatzte dem Vater eine Mark ab, die sie in eine Blechbüchse steckte.

»Soll ich dir ein Lied vorsingen?«, fragte das Lama.

»Das wäre mir eine große Freude«, sagte Anna mit krampfiger Höflichkeit. Tauben flatterten dazu und stellten sich im Halbkreis hinter das Lama und summten *Dubdidu* ... Das Lama wiegte sich im Takt hin und her und schmetterte: *Lahme Lamas laden Lappen in Lappland Lametta ins Lappenhaus / dann laden die Lappen die Lamas zum Lappenschmaus* ... Anna schnippte mit den Fingern.

»Bist du weihnachtswahnsinnig geworden?«

Anna beantwortete Alfons' Frage mit einem Achselzucken. Er sauste ins nächste Kaufhaus. Anna folgte mit Känguruhsprüngen, verlor ihn aber bald aus den Augen. Dann soll er sich halt ein anderes Weihnachtskind suchen, dachte sie und fragte eine Frau nach dem Weg zum Weihnachtsmarkt.

Es duftete nach Tannengrün, Gewürzen, Glühwein und Bratwurst. Besonders aufregend fand Anna den Weihnachtsmarkt nicht. So erging es ihr oft. Erst durchlebte sie eine regenbogenbunte Vorfreude, dann wurde sie von der Wirklichkeit enttäuscht.

Sie spazierte durch das Holzbudendorf, aß eine Bratwurst und trank eine Cola. Eine Stunde später wurden die Läden der Buden zugeklappt, die Lichter gelöscht. Männer von der Müllabfuhr leerten die Papierkörbe und fegten Abfall zusammen. Anna fror und war müde. Ob Alfons sie schon vermisste? Sie hockte sich auf eine umgestülpte Kiste und überlegte, ob sie gehen oder bleiben sollte. Plötzlich hörte sie Geräusche: Krächzschnaufen, Krächzschnaufpiep ...

Anna folgte den seltsamen Brummtönen. Hinter einer Bretterbude schnarchte der Weihnachtsmann auf einem Sack. Auf Zehenspitzen näherte Anna sich dem schlafenden Gabenbringer. Sie zupfte an seinem langen, weißen Bart.

»Hehe ... Holladipolladihe!« Der Weihnachtsmann schlug die Augen auf. »Zwirnfadenkatzendreck, Engelshaar und Mäusespeck!«

»Habe ich dich geweckt?«, fragte Anna mit einem Weihnachtskindlächeln.

»Schau an, ein Mädchen«, knurrte der Weihnachtsmann. »Sieht lieb und brav aus, als könnte sie keinem Nikolaus eine lange Nase drehen. In Wahrheit bist du gewiss rotznasenfrech und schlaumeiergerissen. Legst dem Nikolaus eine Mausefalle in den Stiefel, damit er sich die Finger quetscht. Stimmt doch? Lüg nicht!«

Anna grinste. Die Idee gefiel ihr. Der Weihnachtsmann holte eine Packung Lebkuchen aus dem Sack: »Magst du?« Anna schüttelte den Kopf. Der Weihnachtsmann brach ein Lebkuchenherz in der Mitte auseinander und schob sich eine Hälfte in den Mund.

»Habe ich mir gleich gedacht«, sagte er kauend.

Anna legte die Stirn in Falten. Ein Vorbild für die Kinder war dieser Weihnachtsmann nicht, fluchte und redete mit vollem Mund. Ein unmögliches Verhalten, hätte Alfons dazu gesagt.

»Kein Kind mag heutzutage Lebkuchen«, fuhr er fort, während er die andere Hälfte verzehrte. »Selbst Pfeffernüsse und Zimtsterne verschmäht ihr. Stopft euch lieber mit Pommes und Ketchup voll. Stimmt doch? Lüg nicht!«

»Und Fischstäbchen mit Vanillesoße«, verriet Anna ihr Lieblingsessen.

Der Weihnachtsmann verzog angewidert das Gesicht.

»Wohnst du im Wald?«, fragte Anna.

»Hehe ... Holladipolladihe, hältst mich etwa für einen Waldschrat?«, polterte der Weihnachtsmann. Er schulterte den Sack und schaute sich suchend um.

»Weg! Flitschflatschflutsch verschwunden. Dabei habe ich mir nur ein winziges Nickerchen gegönnt. Höchstens zehn Minuten«, schniefte er.

»Kann ich dir helfen?«, fragte Anna.

»Schon die dritte Rute, die mir freche Lümmel gestohlen haben.« Er pfiff durch die Zähne und watschelte grußlos davon. Anna folgte ihm mäuseleise und katzenneugierig. Vielleicht war der Weihnachtsmann gar kein Weihnachtsmann, sondern ein verkleideter Alfons. Er bog in eine Seitenstraße. Die Schritte hallten auf dem Kopfsteinpflaster. Anna blieb ihm dicht auf den Fersen. Auf einmal drehte er sich um.

»Zwirnfadenengelshaar, Mäusespeck und Tralala! Lass mich bitte endlich in Ruhe. Ich habe nämlich Feierabend. Willst du ein Autogramm von mir oder eine Strähne von meinem Bart? Kannst von Glück reden, dass die Lümmel meine Rute gestohlen haben.«

Er lief weiter, wechselte die Straßenseite, winkte einem vorbeifahrenden Taxi, das aber nicht hielt. Anna wartete eine Weile, ehe sie die Verfolgung aufnahm. Vorsichtiger diesmal. Nach einer halben Stunde blieb der Weihnachtsmann vor einem zehngeschossigen Haus stehen. Als er die Haustür aufschloss, flitzte Anna herbei.

»Spekulatius und Rheumatismus«, schimpfte der Weihnachtsmann. »Warten keine Eltern auf dich?«

»Ich bin doch ein Weihnachtskind«, sagte Anna.

»Dann komm erst mal rein. Bist ja ganz durchgefroren«, sagte er in einem etwas freundlicheren Ton. Mit dem Fahrstuhl fuhren sie bis zum siebten Stockwerk. NIKOLAUS WEIHNACHTSMANN stand auf einem Messingschild neben der Wohnungstür. STAATLICH ZUGELASSENER UND GEPRÜFTER GABENBRINGER. Und auf einem zweiten Schild las Anna: NIKOLA WEIHNACHTSMANN-RUPRECHT – STAATLICH ZUGELASSENE UND GEPRÜFTE WEIHNACHTSMANNGEHILFIN.

»Meine Frau«, flüsterte der Weihnachtsmann.

Drinnen wurden sie von einer blond gelockten Frau empfangen. Ein süßlicher Duft kitzelte die Nase.

»Freut mich, sehr angenehm«, sagte Anna mit krampfiger Höflichkeit. Sie wollte der Frau die Hand reichen, aber Nikola Weihnachtsmann-Ruprecht hatte nur Augen für ihren Mann: »Siehst aus wie ein Ferkel! Überall Flecken. Und wo ist die Rute?«

Der Weihnachtsmann senkte schuldbewusst den Blick: »Gemopst von frechen Lümmeln«, flüsterte er.

Frau Weihnachtsmann-Ruprecht holte tief Luft: »Kannst du nicht besser aufpassen? Die Rute stammte noch von meinem Großvater, dem berühmten Knecht Ruprecht. Eine schöne Bescherung! Jetzt besitzen wir keine einzige Rute mehr. Ein Weihnachtsmann ohne Rute ist wie ...« Sie dachte angestrengt nach. Es fiel ihr kein passender Vergleich ein, »... ist halt kein richtiger Weihnachtsmann«, beendete sie den Satz.

»Ein Weihnachtsmann ohne Rute ist weihnachtsspitze«, sagte Anna mit eifriger Stimme, »weil es nämlich bescheuert ist, wenn Kinder geschlagen werden!«

Die Frau sperrte den Mund auf und wollte zu einer Erwiderung ansetzen. Dann seufzte sie bloß. Der Weihnachtsmann schnalzte anerkennend mit der Zunge. Er stellte den Sack ab, zog Mantel und Stiefel aus, Strickjacke und Hausschuhe an und latschte ins Büro. Anna und Frau Weihnachtsmann-Ruprecht folgten ihm.

»Das war wieder ein Tag«, stöhnte sie. »Alle paar Minuten klingelte das Telefon. »Die Leute werden von Jahr zu Jahr unverschämter. Geben so kurz vor Weihnachten noch Bestellungen auf und bilden sich ein, sie wären allein auf der Welt. Ich habe alles aufgeschrieben.«

Sie zeigte dem Weihnachtsmann eine lange Liste: Fünfundzwanzig Familien, zwölf Vereine und drei Firmen wollten morgen und übermorgen beschert werden.

»Lamettaglanz und Schweineschwanz!«, wetterte er. »Das schaffe ich unmöglich. Meine Termine stehen schon seit Juli fest.«

Er schaltete den Computer ein und rief die Daten für den nächsten Tag ab: Am Vormittag zwei Einsätze in einem Kaufhaus. Nach der Mittagspause drei Kurzbescherungen in einem Büro. Anschließend ein Auftritt bei der Stadtverwaltung. Zehn Minuten später eine Aktion auf dem Weihnachtsmarkt. Dann eine private Gabenverteilung bei einem Jungen sehr reicher Eltern. Hinterher drei Weihnachtsfeiern in einem Altenheim. Zum Schluss eine Bescherung in einem Kindergarten.

»Der totale Stress«, staunte Anna.

»Tannenspitze und Zipfelmütze, das kannst du laut sagen. Und überall soll ich fröhlich sein und streng. Ich muss selbst gebackene Weihnachtsplätzchen probieren, massenweise Stollen essen, literweise Kaffee trinken, Weihnachtslieder und Gedichte anhören. Und spätestens im März kriege ich die ersten Wunschzettel gefaxt fürs nächste Weihnachten. Habe ich Wunschzettel gesagt? Griebenschmalz und Schwanenhals, schon die Dreijährigen schicken mir Listen mit den Bestellnummern aus dem Versandhauskatalog! Hehe ... Holladipolladihe, nächstes Jahr gehe ich in Rente.«

»Du bist kein Weihnachtsmann, sondern ein Jammermann«, sagte die Frau. »Und jetzt wird gegessen.«

In der Küche war schon der Tisch gedeckt. Anna erfuhr nun, warum es so aufdringlich süßlich in der Wohnung roch. Es gab Lebkuchenauflauf mit Marzipansoße, außerdem dampfend heißen Früchtetee.

»Ich kann das Zeug nicht mehr sehen«, moserte der Weihnachtsmann. »Erst recht nicht essen ...« Er schob den Teller weit von sich und paffte eine Zigarre.

»Im Keller liegen noch drei Zentner Lebkuchen, weil du zu viel eingekauft hast«, entgegnete die Frau.

Anna schmeckte das ungewöhnliche Gericht. Sie aß mit gutem Appetit. Am liebsten hätte sie Frau Weihnachtsmann-Ruprecht nach dem Rezept gefragt. Dann hätte sie eine Weihnachtsüberraschung für Alfons gehabt. Aber sie war sich nicht sicher, ob man ihr überhaupt Fragen stellen durfte.

»Wer bist du eigentlich?«, fragte die Frau auf einmal.

»Das Weihnachtskind«, antwortete Anna nach kurzem Zögern.

»So, so, das Weihnachtskind«, wiederholte die Frau. »Und was willst du bei uns?«

»Nur mal gucken«, sagte Anna. »Haben Sie auch Kinder?«

Herr und Frau Weihnachtsmann guckten sich tief in die Augen und seufzten gleichzeitig.

»Einen Jungen und ein Mädchen«, sagte die Frau.

»Niko und Nika«, sagte der Mann.

»Und wo sind Niko und Nika?«, fragte Anna.

Herr und Frau Weihnachtsmann guckten sich noch tiefer in die Augen und seufzten erneut.

»Ach, die haben beide keinen Sinn für den Gabenbringerberuf«, sagte er und machte eine abfällige Handbewegung. »Niko hat eine Weile als Eierfärber bei einem Osterhasengeschenkbringer gearbeitet. Dann war er Tannenbaumverkäufer. Zuletzt hat er in einem Weihnachtsmärchen eine kleine Rolle gespielt ...«

»Nika ist auch aus der Art geschlagen«, ergänzte die Frau. »Sie arbeitet beim Fernsehen als Werbefee ...«

Anna piekte den letzten Krümel vom Teller. Frau Weihnachtsmann-Ruprecht kommandierte ihren Mann zum Abwasch. Sie schaltete das Radio an. Der Wetterbericht versprach eine weiße Weihnacht. Anna kauerte schläfrig auf dem Stuhl. Die Frau schenkte Tee nach. Nach den Verkehrsnachrichten folgte eine Suchmeldung: *Seit vier Stunden wird die neunjährige Anna Schubert vermisst. Anna ist 125 Zentimeter groß. Sie hat braune, halb lange Haare. Bekleidet ist sie mit Jeans und einem roten Anorak. Anna wurde zuletzt in der Nähe des Weihnachts-*

marktes zusammen mit einem Mann gesehen, der als Weihnachtsmann verkleidet war... Sachdienliche Hinweise nimmt jede Polizeistation entgegen.

Dem Weihnachtsmann rutschte vor Schreck ein Teller aus der Hand.

»Jetzt haben wir die Bescherung«, greinte die Frau. »Das falsche Weihnachtskind muss sofort aus der Wohnung!«

»Stimmt gar nicht«, sagte Anna. »Ich bin 127 Zentimeter groß!«

Die Frau wetzte zum Telefon und bestellte ein Taxi. »Du lässt die Kleine nicht aus den Augen, bis du sie zu Hause abgeliefert hast«, schärfte sie ihrem Mann ein.

Der Weihnachtsmann versteckte den Bart unter der Strickjacke und setzte einen Schlapphut auf, den er tief ins Gesicht zog. Anna verabschiedete sich von Frau Weihnachtsmann-Ruprecht.

»Du kannst uns gerne mal im neuen Jahr besuchen«, sagte die Frau und lächelte sogar.

Der Weihnachtsmann brachte Anna bis vor die Haustür und drückte auf den Klingelknopf. Alfons öffnete sofort und schloss seine Tochter in die Arme.

»Hier ist dein Weihnachtskind«, juhute Anna. »Und das ist...«

Der Weihnachtsmann war verschwunden. Von der Straße klang ein fröhliches Hehe... Holladipolladihe...

12.

Ralf Thenior

Das Geheimnis der zwölften Tür

1

»Und mach nicht alle Türen auf einmal auf«, sagte die Verkäuferin im Papierwarengeschäft streng, als sie Tommi die Tüte über den Tisch schob, »sonst fliegt das Geheimnis raus.«

Seit Tagen hatte Tommi auf diesen Augenblick gewartet. Jeden Nachmittag hatte er sich am Schaufenster die Nase platt gedrückt, bis ihm sein Vater endlich das Taschengeld auszahlte. Stolz nahm er die Tüte mit dem Kalender in Empfang.

»Was für ein Geheimnis denn?«, fragte er.

»Jeder dieser Adventskalender enthält ein Geheimnis. Aber wenn man zu ungeduldig ist und alle Türen sofort aufmacht, dann kriegt man es nicht mit.«

»Alles klar!«, sagte Tommi und ging grinsend aus dem Laden.

2

Zu Hause angekommen, nahm Tommi einen Hammer, suchte sich einen großen Nagel und schlug ihn im Kinderzimmer über seinem Bett in die Wand. Bum, bum, bum!

»Tommi! Was zum Teufel machst du da?«, schimpfte seine Mutter, die von dem Lärm aufgescheucht im Kinderzimmer erschien.

»Ich will meinen Adventskalender aufhängen«, sagte Tommi stolz.

»Kannst du nicht den Nagel nehmen, an dem der Kalender im letzten Jahr hing?«

»Nein«, sagte Tommi. »Ich will alles genau sehen, wenn ich im Bett liege.« Seine Mutter zuckte die Schultern. »Nächstes Mal fragst du, wenn du einen Nagel in die Wand schlägst«, sagte sie und ging hinaus.

Später, als Tommi im Bett lag, betrachtete er die Landschaft mit dem Dorf im Schnee lange und wieder hatte er dieses sehnsüchtige Gefühl, das er schon vom Schaufenster des Papierwarengeschäfts kannte. Am liebsten wäre er in das Bild gegangen und durch den hohen Schnee gestapft. Hoffentlich schneit es bald, dachte er. Dann schlief er ein.

3

Als Tommi am nächsten Morgen, dem ersten Dezember, die Augen aufschlug, fiel sein Blick sofort auf den Adventskalender. Er erschrak. Eine Tür stand einen Spalt offen, obwohl sie am Vorabend noch alle fest verschlossen gewesen waren. Das wusste er genau, denn er hatte sich zurückgehalten und nicht ein einziges Türchen geöffnet, damit das Geheimnis nicht hinausflog. Und nun war Tür zwölf offen. Einen Spalt nur, aber immerhin.

Sollte sich in der Nacht jemand in sein Zimmer geschlichen und das Türchen geöffnet haben? Aber wer kommt ohne Wohnungsschlüssel in die Wohnung rein? Oder war das Türchen vielleicht von innen aufgestoßen worden? Nein. Das konnte nicht sein.

Das war völlig unmöglich.

Während er so überlegte, hörte er ein silberzartes Weinen. Es war so leise, als käme es von einem Kind so klein wie ein Däumling.

Ungläubig starrte Tommi auf die Schneelandschaft mit der leicht geöffneten Tür, die in das Dach eines Hauses gestanzt war.

Vorsichtig stand er auf, kniete sich aufs Bett und horchte

an dem Adventskalender. Nun hörte er es ganz deutlich, das Weinen kam aus dem Raum hinter der angelehnten Tür. Mit angehaltenem Atem schob Tommi seinen Zeigefinger unter die Pappe und zog das Türchen auf.

Er ging mit dem Kopf ganz nah an das Fenster heran. Auf einmal sah Tommi in ein Zimmer. Das leise Gewimmer kam von dort. In dem Raum, in den er blickte, war es dunkel. Es dauerte eine Weile bis seine Augen sich an das Dämmerlicht gewöhnt hatten.

Das Zimmer war rund wie ein Turmverlies, aus groben, großen Steinbrocken gemauert, und in der Mitte am Boden kauerte ein kleines Mädchen, halb so groß wie ein Streichholz, vielleicht etwas kleiner sogar. Es hatte seine Arme auf die Knie gelegt, den Kopf in den Armen geborgen und weinte leise vor sich hin.

4

»Warum weinst du?«, fragte Tommi. Seine Stimme überdröhnte das leise Schluchzen. Das Mädchen erschrak, riss den Kopf hoch, sah nach oben und schrie auf. Abwehrend hob es die Hände.

»Du brauchst keine Angst zu haben!« Tommi flüsterte, damit sie sich nicht vor seiner Stimme fürchtete. »Ich bin Tommi! Ich will dir helfen.«

»Ich dachte schon, du bist der Riese«, sagte das winzige Mädchen mit seiner silberzarten Stimme.

»Welcher Riese?«, flüsterte Tommi erstaunt.

Das Mädchen seufzte und wischte sich die Tränen aus dem Gesicht. Dann schniefte es noch einmal und sagte: »Von hier siehst du ziemlich schrecklich aus! Ich seh nur ein riesiges Auge vor dem Fenster schweben.«

»Und was ist mit dem Riesen?«, flüsterte Tommi.

»Ein böser alter Zauberer hat mich in dieses Turmgemach gelockt und hält mich hier gefangen. An Heiligabend wird er mich an den Riesen verkaufen. Ich dachte schon, der Riese ist gekommen, um mich anzustarren.«

»Was will denn der Riese von dir?«

»Er will mich als Weihnachtsbraten. Der Mistkerl frisst kleine Mädchen!«

»Und du weinst jetzt, weil du verloren bist?«, flüsterte Tommi.

»Nein, ich weine aus Wut! Weil mir nichts einfällt.«

»Was soll dir denn einfallen?«

»Wenn ich dem Zauberer ein Rätsel aufgebe, das er nicht lösen kann, muss er mich frei lassen. Aber mir fällt kein Rätsel ein. Wenn du mir hilfst, hast du einen Wunsch frei.«

»Ich helf dir auch so«, sagte Tommi aufgeregt. Das Mädchen hielt sich die Hände vor die Ohren.

»Nicht so laut!«

Plötzlich hörte Tommi die Stimme seiner Mutter, die ins Kinderzimmer getreten war.

»Na, Mausebart, sprichst du mit deinem Adventskalender?«

Tommi wurde knallrot, drückte schnell das Türchen zu und sprang vom Bett. Im Nu war er im Badezimmer und putzte sich die Zähne.

5

An diesem Vormittag war nichts los mit Tommi. In der Schule kriegte er nicht mit, dass er aufgerufen wurde. Der Lehrer ermahnte ihn mehrmals. Von seinen Mitschülern wurde er gehänselt, weil er träumte. Aber Tommi konnte nur an das winzige Mädchen mit der silberzarten Stimme denken.

Wo kriege ich ein unlösbares Rätsel her? Das war die einzige Frage, um die seine Gedanken kreisten. Ein garantiert unlösbares Rätsel musste es sein. Aber woher?

Kannte Tommi selber überhaupt ein Rätsel? Wenigstens ein einziges? Er überlegte. Wie heißt der Bürgermeister von Wesel? Esel. Mehr war nicht drin. Tommi begann über Rätsel zu grübeln.

Rätselbücher lesen, dachte Tommi. Das könnte was bringen. Aber wahrscheinlich kannte der Zauberer alle Rätselbücher, die es gab, sowieso auswendig. Oder hatte sie in seinem Programm. Brauchte bloß seinen Zaubercomputer anzuklicken und ein Stichwort einzugeben. Schon las er auf dem Schirm: Rätsel 7347. Die Lösung lautet: »Weil sie nicht daheim waren.« So oder so ähnlich. Also, das war keine gute Idee.

Doch die Zeit rannte. Die Tage vergingen wie im Fluge. Noch vor einem Jahr hatte Tommi den Heiligabend und die Bescherung nicht erwarten können, die Tage schlichen wie Schildkröten dahin. Doch dieses Jahr hätte er sie am liebsten am Schwanz gepackt und zurückgezerrt. Jeden Abend sprach Tommi mit dem winzigen Mädchen und sie überlegten, wo sie ein unlösbares Rätsel herkriegen könnten. Jeden Tag öffnete Tommi ein Fenster seines Adventskalenders. Doch was dahinter war, interessierte ihn nicht. Er wollte wissen, wieviel Zeit noch blieb.

6

»Wenn ich bis Heiligabendmorgen kein Rätsel weiß, das der Zauberer nicht lösen kann, frisst der Riese mich am ersten Weihnachtstag. Nachts in meinen Träumen hör ich ihn schon schmatzen und rülpsen. Wenn wir niemanden finden, der uns hilft, bin ich verloren«, sagte das Mädchen mit der silberzarten Stimme.

»Meine Mutter brauchen wir nicht zu fragen«, sagte Tommi. »Sie hat dich ja nicht mal gesehen! Weißt du, was sie immer zu mir sagt? Ich hätte eine rege Fantasie. Die glaubt, ich sprech mit meinem Adventskalender!«

Lange dachten die beiden nach. Dann fiel Tommi etwas ein.

»Ich kenn eine alte Frau. Meine Mutter sagt, sie sei eine Heilerin. Morgen nach der Schule geh ich hin. Vielleicht kennt sie ein unlösbares Rätsel. Soll ich das Türchen einen Spalt offen lassen?«

»Ja, lass es einen Spalt offen«, sagte das zarte Silberstimmchen.

7

Am Nachmittag des nächsten Tages ging Tommi gleich nach der Schule zu der alten Frau. Er musste mit der Straßenbahn fahren und dann ein Stück mit dem Bus, bis er die Gegend erreichte, in der die Frau wohnte. Er fand das Haus sofort. Es dauerte eine Weile, bis jemand an die Tür kam, nachdem er geklingelt hatte.

»Nanu? Was machst du denn hier?«, fragte eine erstaunte Stimme und Tommi erkannte die Frau aus dem Papierwarengeschäft, die ihm den Adventskalender verkauft hatte. Neugierig sah sie ihn über ihre Brillengläser an. Tommi hätte sich am liebsten in ein Mauseloch verkrochen.

»Ich suche … Ich will zu der Frau … die die Gürtelrosen bespricht.«

»Meine Mutter ist krank. Ich werde sie fragen, ob sie dich sehen will. Aber worum geht es denn überhaupt?«

Tommi wurde knallrot. Von einem Schulwettbewerb stammelte er. Die Schüler sollten alte Menschen nach unlösbaren Rätseln befragen.

Eine Minute später stand er in dem Krankenzimmer der alten Frau, die eine Heilerin war. Sie sah nicht sehr gesund aus. Eingemummelt lag sie in ihrem Bett, nur der kleine faltige Kopf guckte aus den Kissen heraus. Sie hob ihn leicht an, Blut kehrte in ihre Wangen zurück, als sie

Tommi sah, und ihre Augen begannen zu glänzen. Sie schob einen knochigen Arm unter der Bettdecke hervor und winkte Tommi zu sich heran.

»So, so, ein Rätsel willst du wissen.« Ihre Stimme krächzte wie eine von Omas Schallplatten. »Ich werde dich das Rätsel des Lebens fragen. Hör gut zu.« Ihre Stimme wurde vor Erschöpfung immer leiser. Tommi beugte sich zu ihr über das Kissen. Die alte Frau schloss die Augen.

»Also, was ist das: Erst geht es auf vier Beinen, dann geht es auf zwei Beinen, dann geht es auf drei Beinen?«

Erwartungsvoll schlug die alte Frau die Augen wieder auf.

Tommi war enttäuscht. Das kannte er schon von seiner Oma. Er hatte es ganz vergessen. Es war der Mensch, der als Kleinkind auf Händen und Füßen krabbelt, dann aufrecht auf zwei Beinen geht und wenn er alt wird, einen Stock als drittes Bein mit sich herumschleppt, damit er nicht umfällt. Von seinem Vater wusste Tommi, dass das Rätsel noch weiterging.

»Und am Schluss geht es auf acht oder zwölf Beinen davon«, sagte Tommi. »Was ist das?«

»Wieso jetzt acht? Wieso zwölf?«, stieß die alte Frau hervor.

»Je nachdem, wieviel Sargträger sie sich leisten konnten«, erklärte Tommi stolz. Er sah die alte Frau auf einmal ganz blass werden, ihr Gesicht wurde so weiß wie die Kissen, in denen sie lag. Sie rang nach Luft. »Raus! Raus mit ihm!«, keuchte sie.

Die Verkäuferin aus dem Papierwarenladen riss Tommi vom Bett weg und stieß ihn zur Tür. Dann schubste sie ihn über die Schwelle.

»Es war doch nur wegen dem Rätsel!«, schrie Tommi, als er im Hausflur stand. Päng. Die Tür war zu.

»Was können wir noch tun?«, sagte das winzige Mädchen verzagt.

»Jede Nacht träume ich davon, wie die Zähne des Riesen in mein Bein beißen, es abfressen, und wie er die Knochen seinen Hunden vorwirft. Wenn uns nichts einfällt, sehen wir uns bald nicht wieder.«

Tommi, der im Schlafanzug auf seinem Bett vor dem Adventskalender kniete, fühlte einen Schmerz in der Brust, weil er das Mädchen mit der silberzarten Stimme verlieren würde. So oder so. Und er wünschte sich nichts sehnlicher als sie wieder zu sehen.

»Ich habe nachgedacht«, flüsterte Tommi mit Kloß im Hals.

»Wir müssen selber ein Rätsel erfinden. Es muss ein Rätsel sein, das der Zauberer nicht lösen kann, weil er den Gegenstand, der die Lösung ausmacht, nicht kennt, verstehst du?«

»Es gibt eine ganze Welt, die der Zauberer nicht kennt«, sagte das Mädchen mit der silberzarten Stimme traurig. »Die Welt der Kinder, die kennt der böse Zauberer nicht.«

»Das ist es!«, schrie Tommi auf. Das Mädchen schüttelte sich vor Entsetzen über die Lautstärke. Ihr wurde schwindelig und sie war nahe daran, in Ohnmacht zu fallen.

»Tschuldige!«, flüsterte Tommi. »Aber du hast grade einen wichtigen Hinweis gegeben.«

»Ich? Wieso?«, fragte das winzige Mädchen erstaunt.

»Die Lösung unseres Rätsels muss etwas aus der Kinderwelt sein.«

Tag und Nacht zerbrachen sich Tommi und das winzige Mädchen nun den Kopf, um ein Rätsel zu finden, das einen Gegenstand aus der Kinderwelt enthielt. Hatte er anfangs noch voller Furcht die Tage gezählt, so zählte er nun die Stunden, waren die Türchen des Adventskalenders doch alle bis auf eins offen.

Dann hatte Tommi eine Idee.

»Ich glaub, ich hab eins!«, flüsterte er aufgeregt. »Ich bin kein Pferd, / ich rauche Pfeife. / Ich hab ein freundliches Gesicht. / Sag mir wer so spricht?«

Das winzige Mädchen mit der silberzarten Stimme lachte.

»Das ist das Beste bis jetzt! Das werde ich nehmen«, sagte es. »Danke. Und drück mir die Daumen!«

»Viel Glück!« Tommi hatte Tränen in den Augen.

Am nächsten Morgen, als Tommi aufwachte, sprang er auf und öffnete Tür zwölf. Das Turmverlies war leer. Auf dem Boden, auf dem das winzige Mädchen gekauert hatte, lag eine wunderschöne leuchtende Tulpe.

Eine große Freude und eine große Traurigkeit stiegen auf in seiner Brust und drückten gegeneinander, sodass er nicht wusste, ob er aus Freude weinte oder aus Kummer lachte. Sie war gerettet. Doch er hatte sie verloren.

10

Nach der Bescherung – Tommi bekam ein neues Fahrrad – legte seine Mutter ihre Hand auf seine Stirn und fühlte, ob er Fieber hatte.

»Ich mache mir Sorgen um den Jungen«, rief sie dem Vater in der Küche zu. »Ich glaube, er hat Temperatur.«

»Der Junge hat Hunger, Nadja!«, rief Tommis Vater aus der Küche. »Der hat genauso wenig gegessen seit heut früh wie wir!«

Sein Vater hatte Recht. Tommi hatte Hunger. Sein Magen knurrte. Er freute sich auf das Essen, das sein Vater vorbereitete. Als sie bei Tisch saßen, stürzte sich Tommi wie ein hungriger Wolf über seinen Teller mit Kartoffelgratin, Brokkoligemüse und dem knusprig gebratenen Hähnchenschenkel. Das hätte er besser nicht getan. Denn plötzlich, gerade als er in die braun gebrannte Hähnchenhaut reinbeißen wollte, fiel ihm das winzige Mädchen mit der silberzarten Stimme ein. Und der Riese.

Der Hähnchenbollen platschte auf den Teller. Tommi sprang auf und rannte zum Klo. Dort fiel er auf die Knie und übergab sich. Da er nichts im Magen hatte und nichts hochkommen konnte, tat das Würgen umso stärker weh. Am Ende war er völlig entkräftet. Seine Mutter brachte ihn ins Bett. Und erst als er ein paar Schlucke vom heißen Kamillentee getrunken hatte, kam er endlich zur Ruhe.

Der erste Weihnachtstag verlief ereignislos. Tommi mochte immer noch nichts Richtiges essen, lag im Bett, kaute Zwieback und trank Kamillentee. Dabei dachte er an das winzige Mädchen mit der silberzarten Stimme.

Tommi war sich ganz sicher: Die Tulpe war das Zeichen, dass sie gerettet worden war. Er freute sich, aber das Mädchen fehlte ihm. Öfter guckte er in das Turmverlies hinter Tür zwölf. Aber da lag nur die Tulpe auf dem Boden. Sie lag da, leuchtete silbrig und schien zu sagen: »Danke! Es ist alles gut gegangen.«

11

Am zweiten Weihnachtstag stand Tommi auf, frühstückte Cornflakes mit Milch und machte sich fertig. Denn er fuhr mit seinen Eltern, wie jeden zweiten Weihnachtstag, zu Oma. Opa war schon lange tot und Oma hatte einen neuen Freund. Den wollte sie an diesem Tag der Familie vorstellen.

Walter, so hieß er, besaß eine Lottoannahmestelle. Da er noch etwas vom Leben haben wollte, übergab er sie seiner Schwiegertochter und freundete sich mit seiner Lieblingskundin an.

Hatte Tommis Oma erzählt. Erklärte seine Mutter.

»Jetzt habt ihr beide einen Hauptgewinn!«, beglückwünschte Tommis Vater seine Schwiegermutter. Oma lachte. Sie war etwas aufgeregt, weil Walter noch nicht da war. Tommi stand am Fenster und behielt die Straße im Auge, um es gleich zu sehen, wenn ein Auto am Kantstein hielt.

Ein Taxi kam in Sicht, bremste und rollte mit laufendem Motor vor dem Haus aus. Eine Tür ging auf und ein Mädchen kletterte aus dem Wagen. Es sah aus wie das Mädchen mit der silberzarten Stimme, nur nicht so klein. Tommis Herz schlug plötzlich schneller. Der ältere Mann, der an der anderen Seite ausgestiegen war, nahm das Mädchen an der Hand und kam mit ihm auf die Haustür zu. Das war Walter. Mit seiner Enkelin. Sie hieß Kathrin.

»Komm, ich zeig dir Omas Küche«, sagte Tommi, als die Erwachsenen laut und aufgeregt miteinander zu reden begannen.

Dann stand er mit Kathrin am Küchenfenster. Sie guckten in den Hinterhof. Sie standen ganz nah beieinander und Tommi hatte auf einmal dieses wehe Gefühl in der Brust. Er guckte Kathrin vorsichtig von der Seite an und sah, dass Kathrin ihn auch vorsichtig von der Seite anguckte, und da mussten sie beide lachen.

»Ich hab dir was mitgebracht«, sagte Kathrin. Sie nahm ihren Rucksack und holte eine Tüte hervor.

»Hab ich selbst gebacken!«

Stolz gab sie Tommi die Tüte in die Hand.

Tommis Herz klopfte. Es raschelte laut, als er die Tüte öffnete. Er griff hinein und zog ein Teigmännchen mit eingebackener Tonpfeife hervor.

»Das ist ja ein Stutenkerl!«, schrie Tommi.

Kathrin hielt sich die Ohren zu.

13.

Italo Calvino

Der Wald an der Autobahn

Die Kälte hat tausend Formen und tausenderlei Methoden, sich in der Welt zu bewegen: Auf See stampft sie wie eine Herde Wildpferde, sie bricht über das Land herein wie ein Heuschreckenschwarm, in der Stadt schneidet sie wie eine Messerklinge die Straßen und dringt durch die Ritzen in die ungeheizten Wohnungen. In Marcovaldos Stube waren an diesem Abend die letzten Holzscheite verbraucht, und seine Familie, in Mäntel gehüllt, sah die Glut im Ofen immer blasser werden, und aus den Mündern stiegen bei jedem Atemzug Wölkchen auf. Sie sagten nichts mehr, die Wölkchen sprachen für sie: Die Frau hauchte sie lang heraus wie Seufzer, die Kinder bliesen sie selbstvergessen wie Seifenblasen und Marcovaldo schnaubte sie in Abständen in die Höhe wie Geistesblitze, die sofort verlöschen.

Zu guter Letzt fasste Marcovaldo einen Entschluss: »Ich werde Holz suchen, wer weiß, vielleicht finde ich welches.« Er steckte sich vier oder fünf Zeitungen zwischen Hemd und Jacke, schob eine lange, gezahnte Säge unter die Joppe, und so ging er in die Nacht hinaus, gefolgt von den hoffnungsvollen Blicken seiner Angehörigen. Jeder Schritt verursachte ein Rascheln, und dann und wann schaute ihm die Säge über den Kragen heraus.

Holz suchen in einer Stadt, das ist leicht gesagt! Marcovaldo wandte sich sogleich einem kleinen öffentlichen Park zu, der zwischen zwei Straßen lag. Alles war öd und verlassen. Marcovaldo betrachtete die kahlen Pflanzen und dachte an seine Familie, die Zähne klappernd auf ihn wartete ...

Der kleine Michelino las, vor Kälte zitternd, ein Märchenbuch, das er sich aus der Schulbibliothek geliehen hatte. Das Buch handelte von einem kleinen Jungen, dem Sohn eines Holzfällers, der mit der Axt in den Wald ging, um Holz zu hacken. »Da muss man hin«, sagte Michelino, »in den Wald nämlich! Da gibt es Holz!« In der Stadt geboren und aufgewachsen, kannte er einen Wald nicht einmal von fern.

Gesagt, getan. Er beratschlagte mit seinen beiden Brüdern, dann nahm der eine ein Beil, der andere einen Haken, der dritte ein Seil, sie verabschiedeten sich von der Mutter und begaben sich auf die Suche nach einem Wald.

Sie zogen durch die von Laternen erleuchtete Stadt und sahen nichts als Häuser, von einem Wald keine Spur. Sie begegneten zwar hin und wieder einem Passanten, wagten aber nicht, ihn zu fragen, wo es einen Wald gebe. So langten sie dort an, wo die Häuser der Stadt endeten und die Straße eine Autobahn wurde.

Beiderseits der Autobahn erblickten die Kinder den Wald: Eine dichte Pflanzung von sonderbaren Bäumen verdeckte die Sicht auf die Ebene ringsum. Sie hatten ganz, ganz dünne, aufrecht oder schräg stehende Stämme und flache, ausladende Kronen in den eigenwilligsten Formen und den seltsamsten Farben, die sichtbar wurden, wenn ein vorbeifahrendes Auto sie mit den Scheinwerfern anstrahlte. Äste in Gestalt von Zahnpastatuben, Gesichtern, Käse, Händen, Rasierapparaten, Flaschen, Kühen, Luftreifen, belaubt mit Blättern aus den Buchstaben des Alphabets.

»Hurra!«, rief Michelino. »Das ist der Wald!«

Seine Brüder schauten verzückt zu, als der Mond zwischen diesen sonderbaren Schatten aufging. »Wie schön er ist...«

Michelino erinnerte sie sogleich an den Zweck ihres Hierseins: Holz. So fällten sie ein Bäumchen in Gestalt einer gelben Primel, hackten es in Stücke und trugen es nach Hause.

Marcovaldo kehrte mit seiner mageren Ausbeute an feuchten Ästen heim und fand einen brennenden Ofen vor. »Wo habt ihr das her?«, fragte er und wies auf die Reste eines Reklameschildes aus Sperrholz, das rasch verbrannt war.

»Aus dem Wald«, antworteten die Kinder.

»Aus welchem Wald?«

»Aus dem an der Autobahn. Der ist voll davon!«

In Anbetracht dessen, dass das so einfach war und dass man von neuem ohne Holz dastand, musste Marcovaldo wohl oder übel dem Beispiel seiner Kinder folgen. Er verließ wieder mit seiner Säge das Haus und ging an die Autobahn.

Der Beamte Astolfo von der Straßenpolizei war ein wenig kurzsichtig, und des Nachts, wenn er mit dem Motorrad auf Streife fuhr, hätte er eigentlich eine Brille gebraucht; aber er sagte es nicht, aus Angst, seine Laufbahn dadurch zu gefährden.

An diesem Abend war gemeldet worden, dass eine Bande von Straßenjungen an der Autobahn Reklameschilder niederriss. Der Polizist Astolfo fuhr also auf Streife.

Beiderseits der Straße begleitet ein Wald mahnender und gestikulierender Gestalten Astolfo, der sie nacheinander mustert und dabei seine kurzsichtigen Augen verdreht. Plötzlich ertappt er mit dem Scheinwerfer seines Motorrads einen Spitzbuben, der sich an ein Schild klammert. Astolfo bremst. »He! Was machst du da? Spring sofort herunter!« Jener rührt sich nicht, sondern zeigt ihm nur die Zunge. Astolfo fährt näher heran und sieht, dass es die Reklame für einen Käse ist, mit einem pausbäckigen Kind, das sich die Lippen leckt. »Na ja«, murmelt Astolfo und braust mit Vollgas davon.

Ein wenig später fällt das Licht im Schatten eines

großen Schildes auf ein erschrockenes, trauriges Gesicht. »Halt! Stehen bleiben!« Doch da versucht gar keiner zu fliehen – es ist ein schmerzverzerrtes Menschenantlitz, das mitten auf einen Fuß voller Hühneraugen aufgemalt ist: Reklame für Hühneraugenpflaster. »Oh, Verzeihung «, sagt Astolfo und fährt weiter.

Das Schild für eine Kompresse gegen Migräne zeigt den riesigen Kopf eines Mannes, der sich vor Schmerz die Hände auf die Augen drückt. Astolfo fährt langsam vorbei, der Scheinwerfer erhellt Marcovaldo, der hinaufgeklettert ist und versucht, ein Stück mit der Säge abzuschneiden. Vom Licht geblendet, macht Marcovaldo sich ganz klein und erstarrt in dieser Pose, an ein Ohr des Riesenkopfes geklammert, die Säge aber ist schon mitten auf der Stirn angelangt.

Astolfo betrachtet das Gebilde interessiert und sagt: »Ach ja, Stappa-Kompressen. Ein effektvolles Reklameschild! Gut ausgedacht! Der kleine Mann da oben mit der Säge verkörpert die Migräne, die den Kopf in zwei Teile schneidet. Ich habe das sofort begriffen!« Und zufrieden fährt er weiter.

Von neuem herrschen Stille und Eiseskälte. Marcovaldo stößt einen Seufzer der Erleichterung aus, setzt sich auf dem unbequemen Gestell zurecht und nimmt die Arbeit wieder auf. Unter dem mondhellen Himmel verbreitet sich das gedämpfte Krächzen der Säge im Holz.

14.

Tilde Michels

Das Snowboard

Zu Weihnachten hab ich mir ein Snowboard gewünscht. Nur ein Snowboard, sonst nichts. Ich war auch ganz sicher, dass ich eins bekommen würde. Aber jetzt bin ich nicht mehr so sicher. Das hat mit unserem neuen Baby zu tun. Dass es ein Junge wird, wissen wir schon. Ein Bruder wäre ja auch nicht das Schlimmste. Schlimm ist nur, dass er ausgerechnet in der Zeit kurz vor Weihnachten auf die Welt kommen soll. »In der zweiten Dezemberhälfte können Sie damit rechnen«, hat der Arzt zur Mami gesagt.

Deshalb muss der Papa dringend sofort mein Snowboard kaufen. Ich weiß doch, wie so was läuft. Bevor meine kleine Schwester geboren wurde, hatten meine Eltern nichts anderes mehr im Kopf. Jetzt ist das ganz genauso. Ständig denken sie nur über das Baby nach. Auch über passende Namen. Sie haben ein Namenbüchlein, da stehen Vornamen drin von Absalom bis Zebedäus.

»Wir müssen gut wählen«, hat die Mami gesagt, »damit er später nicht unglücklich ist mit seinem Namen.« Ob die sich bei mir auch solche Gedanken gemacht haben? Lisa, na ja, das geht ja noch. Lieber würde ich Natalie heißen.

Wenn die Eltern vom Einkaufen kommen, schleppen sie Babysachen an. Eine Badewanne und Windel-Großpackungen und all so einen Kram. Ich schau immer, ob vielleicht ein Paket dabei ist, das nach Snowboard aussieht.

In der Stadt hab ich mich in allen Sportgeschäften nach Snowboards erkundigt. Es gibt noch genug, aber der Papa soll endlich eins kaufen. Und einen Christbaum auch. Auf dem kleinen Platz in unserer Nähe ist ein Christbaum-Markt. Da hab ich mir schon eine Tanne ausgesucht. Der Papa hat aber gesagt: »Das hat noch Zeit. Ich kaufe unsere Bäume immer erst ganz zum Schluss, da sind sie billiger.« Zum Schluss! Und wenn es am Schluss zu spät ist für den billigen Baum? Weil nämlich das Baby kommt. Weil die Mami in die Klinik muss. Weil der Papa dann rumrennt zwischen Klinik und Standesamt und Druckerei für die Geburtsanzeigen.

Unsere Nachbarin hat gestern im Treppenhaus geflötet: »Euer Baby wird ein Christkindchen. Da freust du dich bestimmt.« Ein Christkindchen! Ich will aber kein Christkindchen, ich will ein Snowboard. Und einen geschmückten Weihnachtsbaum. Da soll das Snowboard drunter liegen. Es soll! Es muss! Ich will's!

Ich glaub, es ist am sichersten, wenn ich sie noch mal dran erinnere. Vielleicht schreib ich's auf. Genau! Das mach ich. Auf den Einkaufszettel:

Nicht vergessen!
Gleich besorgen!
Ganz dringend!
Ein Snowboard für Lisa.

Jetzt wird's bestimmt klappen!

15.

Petr Chudožilov

In einer frostigen Winternacht

Draußen herrschte klirrende Kälte. Vom Nachthimmel schwebten Schneeflocken, groß wie Eisportionen für fünf Mark. Der Frost hauchte Eisblumen auf die Fensterscheiben. Ins Zimmer fiel glänzender Mondschein, der keine Wärme schenkte. Im Ofen war längst das letzte Kohlenstück verglimmt. Es war kalt, dunkel und still. Mit tiefen, dröhnenden Schlägen bemaß die Uhr den Schritt der Zeit. Das Kind im Bett fühlte sich sehr bedrückt. Aus irgendeinem unbekannten Grund war seine Mutter noch nicht von der Arbeit zurück. Der Vater war vor langer Zeit irgendwohin weggezogen, die Erinnerung an ihn wurde immer blasser und unbestimmter. Das Kind war hungrig. Es rollte sich in einer Ecke des Betts zusammen. Leise wie ein Kaninchen wimmerte es.

Da ertönte aus der Küche ein unbekannter, vorsichtiger Schritt. Das Kind sah durch die halb offene Tür, dass ein Fremder mit einer kleinen Taschenlampe leuchtete. Jetzt schlüpfte die Gestalt geräuschlos ins Zimmer. Es war ein alter Einbrecher mit flacher Schildmütze. Sein Gesicht war hinter einer schwarzen Räubermaske versteckt. Munter lugten die Augen in alle Ecken. An seinem Gürtel baumelte ein Bund falscher Schlüssel.

»Irgendwo habe ich ein Kaninchen gehört!«, brummte der Dieb für sich. Kaninchen zu stehlen war seine Lieblingsarbeit. Schon leckte er sich die Lippen!

Der Einbrecher hatte sehr simple Gewohnheiten. Er öffnete mit falschen Schlüsseln fremde Wohnungen. In ein Leintuch wickelte er leise alles, was darin Platz hatte.

Dann verschwand er wieder. Man muss noch hinzufügen, dass er kein besonders schlechter Mensch war. Das Einbrecherhandwerk hatte er nur erlernt, weil er auf anderen Fachgebieten keinen Erfolg hatte. Außerdem stotterte er auch noch ein bisschen. Weshalb sich einige Leute manchmal über ihn lustig machten. Als er das Kind im Bett entdeckte, erschrak er fürchterlich. Vor lauter Angst begannen seine Zähne zu klappern und seine Knie zu zittern. Es ist nicht einfach, ein Dieb zu sein!

Das Kind aber lachte. Es stellte sich im Bett auf und streckte dem Besucher vertrauensvoll die Arme entgegen. Es war so froh, endlich Gesellschaft zu haben! Auch der Dieb brach schließlich aus lauter Verlegenheit in Lachen aus. Das Lachen, sagt man, ist manchmal ansteckend. Da entdeckte der Dieb in den Augen des Kindes trocknende Tränen. Er schlug die Hände über dem Kopf zusammen.

»Aber, aber!«, sagte er tadelnd. »Da hat ja jemand geweint!«

»Meine Mama ist heute nicht von der Arbeit gekommen!«, schluchzte das Kind.

»Sie kommt bald. Ganz sicher!«, versicherte der Einbrecher mit fester Stimme. »Sie hat sich nur ein bisschen verspätet, du wirst sehen.«

»Du kennst meine Mama?«, fragte das Kind erstaunt.

»Aber sicher!«, log der Einbrecher tapfer. Er wurde dabei nicht einmal rot. »Sie ist eine alte Freundin von mir.«

Die Uhr schlug wieder. Der Einbrecher zuckte zusammen.

»Na, jetzt muss ich aber wirklich gehen!«, erklärte er mit einem entschuldigendem Lächeln.

»Bitte, sag meiner Mama, sie soll schnell kommen, um mir den Gutenachtkuss zu geben!« bettelte das Kind.

»Klar! Ich werd's ihr ausrichten«, versprach der Dieb mit ungewöhnlich leiser Stimme. Er drehte sich um und wollte gehen. Weshalb er ein wenig zögerte, wusste er selbst nicht. Das Kind begann wieder herzzerreißend und leise zu wimmern. Es hatte nämlich furchtbare Angst, allein im Zimmer zu sein.

»Bitte!«, rief es dem Dieb nach. »Könntest nicht *du* mir statt der Mama den Gutenachtkuss geben?«

Mit langsamen Schritten kehrte der alte Einbrecher zurück.

»Das könnte ich«, sagte er mit erstickter Stimme. So etwas war ihm in seiner langen Diebeslaufbahn noch nie passiert! Er nahm die Räubermaske ab. Er küsste das Kind auf die Stirn, so zärtlich er konnte. Mit seiner leichten Einbrecherhand strich er ihm übers Haar. Das Kind lachte selig.

»Hahaha!«, lachte der alte Dieb mit. Da rutschte ihm plötzlich ein «Halleluja!« heraus. Der Dieb wunderte sich ungemein. So etwas hatte er gar nicht beabsichtigt. Einige Worte bilden sich im Mund von selbst, ohne dass wir Einfluss darauf haben. Manchmal sind solche unverhofften Worte viel besser als solche, die wir uns vorher sorgfältig zurechtgelegt haben.

»Halleluja?«, wunderte sich das Kind. »Hör mal, wer bist du eigentlich?«

»Ich?«, fragte der Dieb zurück. Die Frage oder wenigstens einen Teil davon zu wiederholen, ist ein alter Gaunertrick, der sich bezahlt macht in Situationen, in denen man ein bisschen Zeit zum Überlegen gewinnen muss. »Wer ich bin? Ja, weißt du, ich bin ein Engel.« Er wusste überhaupt nicht, weshalb er das sagte. Er war selbst total überrascht. Er bewegte sogar die Arme ein bisschen, als wären sie Flügel.

»Ein Engelchen!«, rief das Kind vergnügt. Vor Freude hüpfte es so hoch, dass fast das Bett umgekippt wäre. »Ein richtiges Engelchen!«

Der Einbrecher legte den Bund falscher Schlüssel zur Seite, damit er ihm bei der Arbeit nicht in die Quere kam.

Zuerst machte er im Ofen ein ordentliches Feuer. Dann ging er auf einen Sprung in ein Geschäft, das nachts geöffnet hatte, um sich die erlesensten Delikatessen zu holen. Er kochte ein vorzügliches Abendessen. Zuerst gab es Leberknödelsuppe. Zufällig war das die Lieblingssuppe des Kindes. Dann gebackenes Huhn mit Erbsen. Vanillepudding! Ganz zum Schluss Zwetschgenkompott. Einfach erstklassig. Nach dem Essen spülten sie gemeinsam das Geschirr. Sie verstanden sich gut und unterhielten sich über alles Mögliche.

»Hörmal, bist du wirklich ein richtiger Engel?«, fragte das Kind.

»Ja«, stieß der Einbrecher zwischen den Zähnen hervor.

»Sicher?«

»Worauf du dich verlassen kannst!«

»Hm«, sagte das Kind, »und kannst du auch fliegen?«

»Und ob!«, antwortete der Engel und lächelte unüberlegt.

»Bitte, zeig mir, wie man fliegt!«, sagte das Kind. »Ich hab noch nie einen fliegenden Engel gesehen!« Jetzt schaute das Kind sehr flehend. Es faltete sogar bittend die Hände, lief zum Fenster und öffnete es sperrangelweit. Ins Zimmer drang frostige Luft. Am Himmel prangte der Mond wie eine goldene Schüssel.

Der Einbrecher wich entsetzt zurück. Er hatte keine Lust, aus dem Fenster zu springen. Wer hätte das denn schon! Er wurde von Angst geschüttelt. Sie waren ja ganz oben unterm Dach. Im fünften Stock!

»Ich glaube, heut ist es zum Fliegen viel zu kalt!«, versuchte sich der Einbrecher herauszureden. »Können wir es nicht auf ein andermal verschieben?« Da sah er die Augen des Kindes, voller Hoffnung und Erwartung. Schon erschienen darin die ersten Spuren von Enttäuschung. Es war schrecklich lange her, dass der Dieb solche Augen gesehen hatte! Ein allein gelassenes Kind enttäuschen? Nein, das traute er sich wirklich nicht.

»Also gut!«, sagte der alte Dieb. »Ich werde aber erst morgen hierher zurückfliegen können. Erwarte mich nicht vorher!«

Dann schöpfte er tief Atem. Er nahm seinen ganzen Mut zusammen. Schloss auch die Augen. Im Geist verabschiedete er sich rasch von einigen Menschen, die er im Leben gemocht hatte. Schließlich sprang er aus dem Fenster. Sogar kopfüber! Er schnellte behände in die Tiefe, als spränge er nur ganz gewöhnlich vom Sprungbrett ins Schwimmbecken.

Vielleicht passiert ein Wunder!, fuhr es ihm durch den Kopf, als er schon flog.

Ja, tatsächlich hatte er Glück. Einige unsichtbare, aber sehr kräftige Engel hatten schon eine Zeit lang unter dem Fenster auf ihn gewartet. Der Himmel hatte die Entwicklung der Situation im Zimmer nämlich aufmerksam verfolgt. Vom obersten Herrn hatten einige Engel den Befehl bekommen, augenblicklich alles herzurichten, was in solch außergewöhnlichen Situationen vonnöten war.

»Klar, Chef!«, sagten die Engel ehrfurchtsvoll. Sie fingen den fallenden Dieb auf und flitzten mit ihm durch die frostige Winternacht. Der Dieb flatterte wie ein gewaschenes Hemd an der Wäscheleine. Herrlich segelten sie dahin. Der Dieb hatte das Gefühl, in warme Federdecken gehüllt zu sein. Einige Male flogen sie majestätisch um den Mond herum und dann wieder auf die Erde.

Lässig winkte der Dieb mit seiner Mütze zum Abschied. Um dem Kind eine Freude zu machen, turnte er noch einige akrobatische Nummern.

»Flieg wieder zu mir!«, rief das Kind ihm nach.

»Darauf kannst du dich verlassen!«, versprach der Dieb. Er fürchtete sich überhaupt nicht mehr. Er hatte begriffen, dass er einem Wunder zum Opfer gefallen war. Gott weiß warum, hatte er plötzlich Lust zu weinen. Als er über der nächtlichen Landschaft schwebte und aus der Höhe all die Schönheit unter seinen Füßen sah, regte sich etwas in der Tiefe seines Wesens. Zuerst war es eine kleine, kaum wahrnehmbare Bewegung. Er versprach sich feierlich, nie mehr zu stehlen. Das war das größte Wunder, das in dieser eiskalten Winternacht geschah. Ein noch größeres als der Flug mit den Engeln! Im Himmel brummte man zufrieden. Man setzte sich die Brille auf und las erleichtert weiter.

»Ein Engel war da!«, berichtete das Kind der Mutter, als sie endlich von der Arbeit zurückkam. »Ein alter Freund von dir!«

»Ein Engel?«, wunderte sich die Mutter. Sie war schrecklich müde. »Ein alter Freund von mir, sagst du?« Sie konnte das überhaupt nicht glauben. Wer wollte sich denn heute noch auf irgendwelche Engel verlassen! Sie sah jedoch den Kochtopf mit dem Abendessen für sie. Sie sah das gespülte Geschirr und die aufgeräumte Küche. Und sie sah auch die strahlenden Augen ihres Kindes. Wer mag wohl das Feuer im Ofen gemacht haben?, fragte sie sich verwundert. Es blieb ihr nichts anderes übrig, als zu glauben, dass sich auch in unseren gewöhnlichen Zeiten auf der Welt noch hin und wieder ein Engel findet!

Am nächsten Abend klingelte es. Neugierig öffnete die Mutter die Tür. Auf der Schwelle stand ein Mann mit einem Blumenstrauß. Es war der bekehrte Einbrecher! In der freien Hand drückte er verlegen seine Mütze.

»Guten Abend, gnädige Frau!«, sagte er ungewohnt höflich. Er reichte ihr den Blumenstrauß. »Das ist für Sie.«

»Guten Abend!«, sagte die Mutter freundlich. »Kommen Sie herein, alter Freund!« Sie zwinkerte ihm schelmisch zu. Der bekehrte Dieb wurde über und über rot.

16.

Herbert Günther

Die Teufelsdelle

Eine Woche vor Weihnachten kommen wie jedes Jahr
Oma Irmi und Opa Hugo zu Besuch. Mama, Moritz und
Sabine holen sie vom Bahnhof ab, und wie jedes Mal sagt
Opa Hugo, als er sich auf den Rücksitz von Mamas Klein-
wagen fallen lässt: »Hoppla, hoffentlich schurren wir
nicht über die Erde.«

Opa Hugo ist ein Schwergewicht, Oma Irmi nur die
Hälfte. Sie sind so unterschiedlich, wie man es sich nur
denken kann. Fast immer streiten sie. Das heißt, Oma
Irmi schimpft und Opa Hugo sagt: »Ja, mein Engel« und
sonst nichts weiter.

Das Auffallendste an Opa Hugo ist die Delle auf seiner
Glatze. Gleich oberhalb der Stirn hat er eine Kuhle, in die
man gut einen dicken Finger legen könnte. Ob sie wollen
oder nicht, Sabine und Moritz warten immer darauf, dass
Opa Hugo seinen Hut absetzt. Heimlich müssen sie immer wieder die Delle ansehen.

»Meine Teufelsdelle«, hat Opa beim Weihnachtsbesuch
im vorigen Jahr gesagt und er war schon drauf und dran
gewesen zu erzählen, wie er »Anno zweiundvierzig« per-
sönlich in der Hölle war und die Delle bekommen hatte.
Aber Oma Irmi hatte dazwischengefunkt.

»Hör auf mit die ollen Kamellen«, hatte Oma Irmi ge-
schimpft. »Machst die Kinder ganz meschugge im Kopf.«

Wie immer hatte Opa Hugo nicht widersprochen. Nur
mit den Augen gezwinkert hatte er und das hatte bedeutet: Wartet, es kommen auch wieder bessere Zeiten zum
Erzählen.

Aber dann war ein Tag nach dem anderen vergangen mit Kaffeetrinken, Fernsehen, Besuche machen, Besuche kriegen, mit Internetsurfen, Geschenke ausprobieren, in die Kirche gehen, Gänsebratenessen, telefonieren, Knaller und Raketen zünden, Umtauschen und spazieren gehen und auf einmal hatten Oma Irmi und Opa Hugo wieder auf dem Bahnsteig gestanden und die Höllen-Geschichte war nicht erzählt worden.

Aber Sabine und Moritz haben sie nicht vergessen. Immer wieder im Lauf des Jahres hatten sie daran gedacht, und als Sabine im Sommer eine Woche mit Windpocken im Bett lag, hatte Moritz erzählt: Opa Hugo geht durch das Höllenfeuer. Opa Hugo kämpft mit den Ober- und den Unterteufeln. Opa Hugo macht einen Höllenlärm. Natürlich ist Sabine nicht davon gesund geworden, aber ein bisschen schön gruselig war ihr doch, auch wenn alles nur gelogen war.

Jetzt wollen sie es genau wissen. Opa Hugo soll erzählen. Zwei Tage später ergibt sich eine gute Gelegenheit. Mama und Omi Irmi sind zum Einkaufen in die Stadt gegangen.

Der Adventskranz steht auf dem Tisch, drei Kerzen brennen, Opa Hugo sitzt im Korbsessel mit den papageienbunten Kissen, die Kinder vor ihm auf dem Teppich.

»Nun los, Opa«, sagt Moritz. »Wie war das in der Hölle?«

»Wie bist du da reingekommen?«, fragt Sabine.

»Ja nun«, sagt Opa Hugo und streicht sich das Kinn. »In die Hölle kommst du schneller rein als du denkst. Aber raus, meine Lieben – raus, das ist schwer... Also, das war anno zweiundvierzig...«

»Wer ist anno?«, fragt Sabine.

»Das ist lateinisch«, sagt Opa Hugo, »und heißt ›im Jahre‹. Also, im Jahre 1942, war ich so alt wie ihr. Na, ein bisschen älter doch, dreizehn war ich. 1942, da war

Krieg. Deutsche Soldaten waren in Polen eingefallen und in Frankreich und in Russland. Der verrückte Hitler, der wollte ja, dass die Deutschen die ganze Welt erobern. Jeden Morgen in der Schule haben wir als erstes Fähnchen gesteckt. Kleine Stecknadeln mit der Hakenkreuzfahne dran. Unser Lehrer hat die Namen der Orte verkündet, die die deutschen Soldaten gerade erobert hatten. Wer gut war im Unterricht, der durfte zur Belohnung nach vorn kommen, den Ort auf der großen Weltkarte suchen und das Fähnchen einpieksen. Dann hat uns unser Lehrer von den neuesten Heldentaten der deutschen Soldaten erzählt und dass die Soldaten der anderen Völker feige sind und böse und schuld an dem ganzen Krieg. Das haben wir alles geglaubt. Die meisten Erwachsenen haben ja nichts anderes erzählt.

Na, und es war ja alles organisiert damals. Nach der Schule sind wir oft zum ›Jungvolk‹, da haben wir marschieren gelernt und Lieder singen wie die kleinen Soldaten. Und Sport haben wir gemacht, viel, viel Sport ...«

Opa Hugo streicht sich mit beiden Händen über seinen großen Bauch, klopft darauf, lehnt sich zurück und der Sessel knarrt.

»Mein Freund Gustav und ich«, sagt Opa Hugo, »wir waren nicht so gut in Sport. Da haben wir manchmal die ›Jungvolk‹-Nachmittage geschwänzt und sind auf den Holzplatz von der Tischlerei Lehmann. Da waren wir gern. Verstecken und Anschleichen haben wir da gespielt und mit unseren Holzgewehren auf Vater Lehmann und seine Gesellen gezielt – peng-peng – aber umgefallen sind die nie, haben höchstens gelacht und manchmal durften wir in der Werkstatt was basteln und kurz vor Weihnachten haben wir immer Sperrholz mitgenommen für Laubsägearbeiten. In der Tischlerei hat es immer gut nach Holz gerochen, das mochte ich damals schon gern.

Ja nun, und dann waren da noch die Mädchen, die Lehmann-Schwestern, die Anna und die Irmi. Gustav und ich haben gewettet, wer von uns beiden die Anna zuerst küsst. Die Irmi war uns beiden zu wild. Na ja, aber die Mädchen haben uns nicht ganz für voll genommen, haben uns veralbert und einmal, im Holzschuppen, haben sie uns einen ganzen Sack Sägespäne über die Köpfe geschüttet ...«

Der Sessel knarrt, Opa Hugo sieht in die Lichter auf dem Adventskranz, er schweigt, aber an seinem Lächeln kann man sehen, dass er sich an viel mehr erinnert, als er erzählt.

»Wie war denn das nun mit der Hölle?«, fragt Moritz.

»Ja, und das mit der Teufelsdelle«, sagt Sabine.

Opa Hugo muss erst wieder aus seinen Erinnerungen auftauchen. »Das mit der Hölle, ja. Das war der Kurt«, sagt er schließlich. »Der hat mich in die Hölle geschickt.«

»Wie denn?«, will Sabine wissen.

»Der Kurt war eine Sportskanone«, sagt Opa Hugo. »Fünfzig Meter in nullkommanix und Hochsprung ... Hochsprung, glaube ich, über drei Meter ...«

Moritz, der sich mit Sport gut auskennt, schüttelt den Kopf. »Das wäre ja Weltrekord«, sagt Moritz.

Opa Hugo nickt. »Weltrekord, ja, ja«, sagt er. »Höher, weiter, schneller. Das musste so sein. Weltrekord in allem. Weltrekord mindestens. So eine Zeit war das damals ...«

Wieder sieht er lange in die Adventskerzen und schweigt.

»Und das mit der Hölle?«, drängt Sabine.

»Ja nun«, sagt Opa langsam. »Der Kurt. Steht da eines Tages auf dem Schulhof vor mir und sagt, ich würde mich drücken vor den ›Jungvolk‹-Nachmittagen. Überhaupt wäre ich ein Feigling. Angsthase. Pfeffernase. Wie die feindlichen Soldaten. Na, und mein Freund Gustav steht daneben und Anna und Irmi und die ganze Klasse und wenn ich mich hätt nicht geschlagen, alle hätten sie mit Fingern auf mich gezeigt und gesagt: Der Hugo macht sich in die Hose. ›Selber feige‹, sage ich also und schon geht es los. Zuerst war alles ganz harmlos und beinah hätt ich ihn im Schwitzkasten gehabt, dass er nicht mehr hätte Piep sagen können. Aber der Kurt war flink und hat gebissen und getreten. Und dann fing er mit den Fäusten an, und auch da hätt ich gewonnen, weil ich größer war und längere Arme hatte. Einen Zahn hatte der Kurt schon ausgespuckt und ich wollte gerade aufhören, da hat der Kerl auf einmal eine Eisenstange in der Hand, hat mich unten getreten und oben gehauen und dann … na dann war ich in der Hölle …«

Opa Hugo schweigt.

»Gemeiner Kerl«, sagt Sabine. »Und davon hast du die Delle?«

»Drei Tage lang war es dunkel«, erzählt Opa Hugo. »Alles hat sich gedreht. Kleine rote Teufel sind im Kreis getanzt, es war heiß und kalt gleichzeitig und ich wusste nicht, wo ich war. Zweimal haben sie mich operiert, ohne Delle war es nicht zu machen. Aber davon habe ich gar nichts gemerkt. Meine Mutter ist Tag und Nacht an meinem Bett gesessen und hat mich gestreichelt. Nach drei Tagen habe ich ihre Stimme gehört und dann habe ich ihr Gesicht gesehen, verschwommen erst, aber dann immer deutlicher …«

»Und den Kurt, den haben sie dann eingesperrt?«, fragt Moritz.

Opa Hugo schüttelt den Kopf. »Die Geschichte geht ja noch weiter«, sagt er.

»Aber das mit der Hölle«, sagt Sabine, »das war, weil du bewusstlos warst?«

»Na ja«, sagt Opa Hugo. »In die Hölle kannst du auch reinkommen bei vollem Bewusstsein. Und um ein Haar … um ein Haar wäre mir das auch noch passiert.«

»Erzähl«, sagt Moritz.

»Das war ein paar Monate später, in der Adventszeit

wie jetzt. Ich hatte immer noch so einen Turban auf dem Kopf wie ein orientalischer Sultan. Aber mir war nicht mehr schwindelig und zum ersten Mal durfte ich allein raus und da bin ich auf den Holzplatz von Lehmanns Tischlerei. Nasskaltes Wetter war und Schneematsch überall. Na, ich ahne nichts Böses, laufe so zwischen den Holzstapeln herum und da kommt mir Rauch in die Nase. Also schleiche ich mich an und ich krieg einen Schreck, als ich es sehe: Da sitzt, auf einem Holzstoß, mit dem Rücken zu mir, Kurt, die Sportskanone und pafft eine Zigarette. Ganz allein sitzt er da, weit und breit kein Mensch in der Nähe. Der Zigarettenqualm hat mir in die Augen gebissen. Und auf dem Holzstapel neben mir liegt wie bestellt ein Hammer, ein schöner, handlicher Zimmermannshammer, vorn mit scharfer Kante, hinten mit dickem Eisenkopf.

Kurt hat mich nicht gesehen und nicht gehört. Und auf einmal konnte ich nichts anderes mehr denken als: Ich hau ihm eine Delle in den Kopf, mindestens so groß wie meine . . .

Ich also den Hammer in die Hand genommen. Ganz fest angepackt. Es sieht keiner, habe ich gedacht. Es hört keiner. Vor meinen Augen hat es geflackert. Die kleinen roten Teufel sind schon im Kreis getanzt. Ich schick ihn in die Hölle, habe ich gedacht, so wie er mich.

Ja nun, und alles wäre wohl auch so gekommen und wer weiß, wie dann mein Leben weitergegangen wär. Tischler wäre ich wohl nicht geworden. Dabei ist das der schönste Beruf, den ich mir denken kann.

Ich stehe also da, Hammer in der Hand, Wut im Bauch, und alles dreht sich vor meinen Augen, da höre ich auf einmal eine Singstimme: ›. . . Lalala . . . Ein sehr harter Winter ist . . . lalala . . . lalala . . .‹

Auch Kurt hört das und guckt genauso dumm aus der Wäsche wie ich.

Auf einem Balken, beide Arme ausgebreitet, kommt die wilde Irmi auf uns zu balanciert, hält die Nase in den Wind, schnuppert, sieht den Kurt und faucht ihn an: ›Was machst du denn hier?‹

Und bevor Kurt antworten kann, schimpft sie weiter: ›Du bist wohl verrückt, was? Hier wird nicht geraucht! Das ganze Holz hier, das geht in die Luft wie Zunder!‹

›Nicht bei der Matsche‹, sagt Kurt, aber aufgestanden ist er, seinen Glimmstengel hat er in den Dreck geworfen und ausgetreten. Dann ist er abgedampft.

Auch ich habe mich weggeschlichen, den Hammer habe ich wieder hingelegt und bin nach Hause, ohne dass mich einer gesehen hat.«

Die Adventskerzen flackern. Opa Hugo sieht aus dem Fenster. Draußen wird es dunkel. Die Laternen sind schon an. Wenn ein Auto über die Straße fährt, hört man den Schneematsch unter den Reifen. So, wie Opa Hugo jetzt aussieht, will er nicht, dass man noch Fragen stellt. »Nun geht mal spielen«, sagt er. »Die Erzählstunde ist vorbei.«

Beim Abendessen in der Küche dann müssen Sabine und Moritz immer wieder Oma Irmi ansehen. Ihr dünnes, rötliches Haar, durch das die Kopfhaut schimmert. Ihre funkelnden Augen. Die vielen Falten in ihrem Gesicht. Die altmodische Brosche an ihrer Rüschenbluse. Die knochigen Hände.

»Kinder«, sagt Oma Irmi schließlich, »was starrt ihr mich denn so an?«

Kichernd platzt Sabine heraus: »Die wilde Irmi!«

Oma Irmi schüttelt den Kopf. Dann schickt sie einen strengen Blick zur Seite. »Hugo«, sagt sie, »hast du den Kindern etwa die ollen Kamellen erzählt?«

Opa Hugo nickt. »Ja, mein Engel«, sagt er, und dann nichts weiter.

17.

Karla Schneider

Warum aus mir dann doch keine spanische Tänzerin geworden ist

Nachdem ich den Graupeneintopf aufgewärmt und einen Teller davon gegessen hatte, nahm ich mir den Zettel vor. Die Schrift meiner Mutter war nicht leicht zu entziffern, dabei hatte sie die Namen und Straßen schon in Druckbuchstaben geschrieben. Beide Adressen waren weit voneinander entfernt und kompliziert zu erreichen. Lange Straßenbahnfahrten mit mehrmaligem Umsteigen.

Es war das erste Mal, dass ich meine Weihnachtsgeschenke selbst besorgen musste. Im November war ich dreizehn geworden. Meine Mutter dachte wohl, mit dreizehn sei man zu alt, um noch »überrascht« zu werden. Außerdem hatte sie nach Büroschluss genug anderes um die Ohren. So kurz vor Weihnachten gab es immer eine Menge unvermuteter Zuteilungen, deshalb graste sie jeden Abend vor Ladenschluss auf gut Glück alle möglichen Geschäfte ab. Man konnte zum Beispiel Kondensmilch erwischen. Sogar Lachsschinken war drin. Oder Wintermantelstoff.

Ich sah das alles ein. Trotzdem fühlte ich mich seltsam gespalten. Eine Hälfte von mir war einverstanden, groß und vernünftig zu sein, und fand nichts dabei, die zwei Geschenke selber heranzuschaffen. Die andere Hälfte jedoch war ein bisschen traurig und enttäuscht, weil es mit den »Überraschungen« plötzlich ein Ende hatte. Ehrlich gesagt hätte ich es gerne gehabt, dass es noch eine Weile so weiterging wie letztes und vorletztes Jahr zu Weihnachten: Man äußerte seine Wünsche und stand bis zur Bescherung völlig im Finstern. Das Hoffen und Abwarten und sich in irrwitzige Freude hineinsteigern war das Schönste gewesen. Auch wenn die Geschenke in den meisten Fällen nie so ausfielen, wie man sie sich wochenlang erträumt hatte, konnte das hinterher doch nicht mehr die Vorfreude kaputt machen. Die hatte man gehabt und genossen.

Ich nahm den Zettel mit den Adressen und das Kuvert mit den zehn Mark und stimmte mich in der Fantasie zum hunderttausendsten Mal auf das Hauptgeschenk ein. Das bedeutete: Während ich durchs Treppenhaus abwärts polterte, hielt ich eine Hand im Fäustling hoch überm Kopf, die andere hinterm Rücken, etwa in Taillenhöhe, und schnickte mit den Fingern. Niemand außer mir hörte das rhythmische hölzerne Klappern.

Mein absoluter Herzenswunsch! Seit Monaten hatte ich meiner Mutter damit in den Ohren gelegen. Bis sie endlich weich geworden war und in unserer Zeitung eine Annonce aufgegeben hatte. Sie hatte nur eine Zuschrift darauf erhalten.

Weil mich im Moment nichts anderes interessierte als die Erfüllung dieses heiß brennenden Wunsches, griff ich automatisch und zerstreut in den Briefkasten. Das hatte ich vorhin, als ich aus der Schule kam, vergessen. Wäre ich mit den Gedanken nicht so weit weg gewesen, hätte ich den Alarm schrillen hören müssen, der von dem weißen Stück Papier im Kasten ausging. Keine Briefmarken. Das hieß: von Hand eingeworfen, heute früh. Auf dem zusammengefalteten Zettel stand mein Name. Ich kannte die Schrift. Und ich fürchtete sie wie die Pest. Trotzdem brachte ich es nicht fertig, den Zettel ungelesen zu zerknüllen und im Hof in die erstbeste Aschentonne zu werfen.

Es war die Schrift von Tante Mechthild. Keine richtige Tante, nur eine Bekannte meiner Mutter. Sie wohnte leider ganz in unserer Nähe, so dass sie manchmal früh, auf dem Weg zur Arbeit, solche Zettel in unseren Briefkasten warf. Zettel, die an mich gerichtet waren und bettelten.

»Liebstes Karlinchen, könntest Du bitte bitte heute gegen vier Hermännchen von da und da abholen? Muss leider Überstunden machen. Komme gegen sieben bei euch vorbei. Ganz vielen lieben Dank . . .«

Die Abholadressen wechselten. Zuerst hatte sie für Hermännchen sogar einen Kindergartenplatz gehabt, nicht mit Gold aufzuwiegen. Aber dort hatten sie ihn nach wenigen Wochen rausgeschmissen. Danach hatte Tante Mechthild per Annoncen Tagesmütter gesucht. Die waren allerdings viel teurer als der staatliche Kindergarten. Aber auch die Tagesmütter warfen irgendwann das Handtuch. Tante Mechthild verdoppelte das Hütegeld, was bedeutete, dass sie nun erst recht Überstunden machen musste. Bei uns hieß Hermännchen nur »das kleine Ungeheuer«.

Ich überlegte krampfhaft. Ich konnte unmöglich um vier schon wieder zurück sein. Andererseits wurden die Tagesmütter immer unheimlich sauer, wenn man ihnen das kleine Ungeheuer über die Zeit zumutete. Es blieb mir keine Wahl – ich musste es jetzt gleich abholen. Und es mitnehmen auf meine Besorgungstour. Bisher hatte ich es immer nur bei uns zu Hause gehütet.

Die Tagesmutter war überglücklich, als ich zwei Stunden vor der ausgemachten Zeit aufkreuzte. Wie der Wind zog sie dem kleinen Ungeheuer seine Sachen über. Alles war mehrere Nummern zu groß und aus zweiter Hand.

»Wiedersehen, Hermännchen«, rief die Tagesmutter. »Und bessere dich!«

Die Antwort des kleinen Ungeheuers bestand in einem Fußtritt gegen ihre Wohnungstür.

Als es mitkriegte, dass wir nicht wie sonst den Weg zu unserem Haus einschlugen, machte es sich schwer, bereit, sich auf den Boden fallen zu lassen. Seine beliebte Methode, wenn es einer Situation nicht traute. Außerdem funkelte es mich an. Denk nicht, dass du mich verscheißern kannst, sagte dieses Funkeln. Das kleine Ungeheuer sprach so gut wie nie. Die meisten Leute hielten es deshalb für zurückgeblieben.

»Hör zu, ich muss Weihnachtsgeschenke abholen«, sagte ich. »Willste mit? Sonst muss ich dich wieder zu Frau Simmchen bringen. Deine Mama arbeitet heute länger.«

Aus seiner zu großen Strickkapuze hervor schielte das kleine Ungeheuer mit seinem käsigen Gesicht zu mir hoch. Rechts und links von seinem Mund waren zwei Falten eingegraben, aber nicht vom Lachen. Ich hatte das kleine Ungeheuer noch nie lachen sehen. Nicht mal lächeln. Allerdings hatte ich auch noch nie erlebt, dass es geschluchzt hätte. Es konnte nur Terror machen und ohrenbetäubend kreischen, aber dabei flossen nie Tränen. Eigentlich unheimlich für einen fast Fünfjährigen.

»Du guckst so, als hättest du noch nie was von Weihnachtsgeschenken gehört«, sagte ich. »Aber wer der Weihnachtsmann ist, das weißt du ja wohl?«

»Weihnachtsmann isse oller Popelfresser«, sagte das kleine Ungeheuer mit brunnentiefer Verachtung in der Stimme. Wahrscheinlich hatte die Tagesmutter ihm mit dem Weihachtsmann gedroht. Rache und Bestrafung, Rute und leerer Gabensack, wenn er nicht spurte – so ungefähr.

Die rote Lampe am Hochspannungsmast leuchtete auf. Gleich würde die Straßenbahn angerasselt kommen. Beim Gedanken, wie das kleine Ungeheuer im überfüllten Waggon Leute ans Schienbein trat, wenn wir keinen Fensterplatz erwischten, wurde mir siedend heiß. Tante Mechthild hatte meiner Mutter oft genug ihr Leid geklagt. Und falls einer von den Fahrgästen es wagte und ein Wort der Kritik äußerte, musste man damit rechnen, dass das kleine Ungeheuer mit »oller Scheißer« oder »blöde Ziege du« nur so um sich warf. Schlimmer als wäre man mit einer

Schwarzen Mamba im Vollbesitz ihrer Giftzähne unterwegs.

Die Straßenbahn quietschte um die Kurve.

In aller Eile versuchte ich das kleine Ungeheuer zu bestechen. »Übrigens ist eins der Weihnachtsgeschenke für dich«, sagte ich honigsüß. »Du kriegst es schon heute, obwohl erst in einer Woche Weihnachten ist. Aber nur, wenn du niemandem trittst und niemanden beißt und zu niemandem ein Wort sagst. Hast du kapiert?«

Misstrauisch suchte er meinen Blick. Ob ich das auch ernst meinte. Kein Wunder, bestimmt legten ihn die Tagesmütter andauernd mit falschen Versprechungen rein.

»Hermännchen, hab ich dich jemals beschissen? Na also.«

Ohne Gegenwehr ließ er sich an der Hand fassen. Ich wusste, dass von den zehn Mark fünfzig Pfennig übrig bleiben würden. Davon wollte ich ihm ein paar lose Sahnebonbons kaufen. Meine Mutter konnte sich die Spesen dann von Tante Mechthild wiedergeben lassen.

Nach zwanzig Minuten Straßenbahn und einer Viertelstunde Bus waren wir bei der ersten Adresse angelangt. Das kleine Ungeheuer hatte sich bis jetzt vorbildlich verhalten. Es hatte lediglich zwei Frauen in der Straßenbahn lange und stumm die Zunge rausgebläkt. Und als die Frauen sich bei mir beschwerten – »dein kleiner Bruder ist aber schlecht erzogen« –, rutschte ihm nur ein »olle doofe …« raus. Sofort hatte es sich den gestopften Handschuh vor den Mund gehalten. Es schien ihm viel an dem »Weihnachtsgeschenk« zu liegen. Alles in allem war das kleine Ungeheuer für seine Verhältnisse geradezu heilig gewesen.

An der Wohnungstür standen sechs Namen; jeder erforderte ein anderes Klingelzeichen. Ich guckte noch mal auf meinen Zettel: Stackelberg. Die Frau, die uns reinließ, trug Mantel und wollenen Kopftuchturban. Ihr Zimmer war ungeheizt. Aus dem Buffet nahm sie das schon vorbereitete Päckchen, in Zeitungspapier gewickelt. Sie gab es mir erst, nachdem sie die zehn Mark gekriegt hatte.

»Sie sind aus Segovia«, sagte sie feierlich. »Mein Sohn hat sie während des Krieges aus Spanien mitgebracht.«

Ihr Blick wanderte zum Foto eines jungen Mannes in Fliegeruniform. Über Eck ein schwarzes Bändchen. In jedem Haushalt gab es solche Fotos. Wir hatten auch eins, von meinem Vater. Lange kramte sie nach dem Wechselgeld, den fünfzig Pfennig.

Drei Häuser weiter erspähte ich durch einen offenen Torweg einen leeren Hinterhof. Das heißt, die Hinterhäuser waren praktisch nicht mehr vorhanden, nur Ruinen. Es würde mich also keiner beobachten und auslachen.

»Muss nich«, sagte das kleine Ungeheuer und sträubte sich, als ich es da hineinzog.

»Hab ich denn was von Pinkeln gesagt? Hier, halt mal das Papier.« Ich MUSSTE sie ausprobieren. Unmöglich, bis zur Bescherung zu warten. Noch eine volle Woche – ausgeschlossen.

Das kleine Ungeheuer nahm die Zeitungsumhüllung und dann auch noch das Seidenpapier entgegen. Ohne Protest. Das Normale wäre gewesen, dass es alles auf die Erde pfefferte und drauf rumtrampelte. Sonst musste man nur »tu dies« und »tu das« zu ihm sagen, und schon tat es genau das Gegenteil. Aber nein – es guckte so gespannt, was da wohl zum Vorschein käme, dass es gar nicht merkte, wie aus seinem einen Nasenloch eine Rotzglocke kroch.

Zwei Kastagnettenpaare aus dunklem poliertem Holz! Sie wirkten ein bisschen wie halbierte Pfirsiche. Von der Form her, meine ich. Ich stopfte die Fäustlinge in die Trainingshose und steckte andachtsvoll meine Mittelfinger durch die Kordelschlaufen.

Im September war ich mit zwei Mädchen aus meiner Klasse in »Andalusische Nächte« gewesen. Der Film war ab vierzehn, aber Anita hatte den FDJ-Ausweis ihrer großen Schwester vorgezeigt. Dann hatte sie im Gewühl der Hineindrängenden den Ausweis nach hinten weitergereicht an mich. Und ich hatte ihn weitergereicht an Suse. Die Frau am Saaleingang hatte zum Glück nur darauf geachtet, dass jede von uns das bewusste blaue Dokument parat hielt. Sie hatte keine Zeit gehabt, das Passbild mit uns zu vergleichen. Der Film war deshalb nicht jugendfrei, weil man im Spiegel für eine Sekunde eine nackte Frau sehen konnte. Ansonsten war er nicht halb so gut gewesen wie »Das Mädchen von der Tankstelle« oder »Sieben Jahre Pech«. Ich hatte mich aber in die Kastagnetten verliebt. Wie diese Carmen im Film wollte ich biegsam mit den Armen wedeln und zwischen Fingern und Handfläche die hölzernen Klappern schnalzen lassen. Alles andere – die ganze spanische Tanzerei, das Fußgetrappel und das Hüftewiegen – käme von allein. Wenn ich die Kastagnetten nur erst mal besaß, die den Rhythmus vorgaben. Und jetzt hatte ich sie. Naja, fast. Noch eine Woche. Dann würde aus mir binnen kurzem eine spanische Tänzerin werden. Flamenco! Fandango!

»Is das meins?«, fragte das kleine Ungeheuer. Mit bitter zusammengepresstem Mund, als wüsste es die Antwort schon im Voraus.

»Mm-mm«, machte ich. Und wiegte mich selig. Schnickte und klapperte. Neben den fremden Aschentonnen. Der Himmel zwischen den Ruinen brannte rosarot. Im Winter sah jeder Sonnenuntergang aus wie Himbeermilchshake.

Jetzt, wo die Sonne fort war, wurde es schlagartig beißend kalt und auch sehr schnell dunkel. Der Frost zwickte in der Nase. Mit Dampfwolken vorm Mund warteten wir an Haltestellen, zwängten uns in volle Bahnen, stiegen um und wieder aus. Es war wie verhext, aber nir-

gendwo gab es in unmittelbarer Nähe der Straßenbahn-
haltestelle einen Laden, in dem ich die Sahnebonbons für
das kleine Ungeheuer hätte kaufen können.

Seine Geduld war zu Ende, ich merkte das. Als wir in
dem fremden Treppenhaus an der Tür der Strickfrau
schellten, fragte es drohend:

»Is das jetzt meins??«

»Nee, das noch nicht . . .«

Die Strickfrau war nicht zu Hause. Nur eine ältere
Frau, ihre Mutter suchte nervös auf einem voll bepackten
Tisch herum, wo Sachen lagen, die sie »Kundenmaterial«
nannte. Vor ein paar Wochen war ich zusammen mit meiner Mutter gewesen, damit die Strickfrau mir Maß nehmen konnte für den Pullover. Ich hatte mich umdrehen
müssen, als meine Mutter das wolleähnliche Garn aus der
Tüte nahm. »Damit es auch eine Überraschung wird.«
Ganz flüchtig hatte ich einen Blick auf etwas Salatgrünes
erhascht, mit wuschligem Angoraflaum. Es war von »Parallelo« die Rede gewesen und von »Patentmuster«.

»Das kostet fünf Mark mehr«, hatte die Strickfrau gemeint. Und meine Mutter hatte fünfunddreißig Mark
hingezählt. Ich hatte es genau gesehen. Das erklärte ich
auch der Strickfraumutter: »Es ist schon im Voraus bezahlt worden. Ich war selber dabei. Fragen Sie doch Ihre
Tochter.«

»Die kommt heute nicht vor neun Uhr abends heim.
Nein, tut mir Leid, Mädchen, ohne Geld darf ich nichts
aus der Hand geben, das musst du einsehen.«

»Aber steht denn nichts auf einem Zettel oder so? Dass
wir schon bezahlt haben?« Langsam geriet ich in Panik.
Ich sah mich im Geist noch mal und noch mal den weiten
umständlichen Weg hierher machen. Und immer umsonst. Und meine Mutter würde sich ärgern und schimp-
fen, ich hätte mich mal wieder wie ein dummes Kind ab-
fertigen lassen.

»Nicht die einfachste Besorgung kann man dir anvertrauen.«

»Nein, hier ist kein Zettel.«

Am liebsten hätte sie mich vor die Tür gesetzt. Zumindest nahm sie das Papier, aus dem es salatgrün hervorleuchtete und stopfte es unter das andere »Kundenmaterial«. Als wollte sie es verstecken.

»Aber ich schwör's Ihnen, es IST bezahlt!« Schon kämpfte ich mit dem Heulen. Wenn ich ungerecht behandelt werde, geht das bei mir ganz schnell.

»Sagst du. Ich bin nicht dabei gewesen. Nein, nichts da, ohne Geld darf ich nichts rausgeben. Punktum.«

Gong! Gong!, donnerten scharfe gezielte Fußtritte an den Spiegelschrank.

»Willst du wohl sofort damit aufhören, du ungezogenes Balg, du!«, schrie die Strickfraumutter.

»Olle Seechamsel«, sagte das kleine Ungeheuer im Ton inbrünstiger Biestigkeit. »Arschloch, Arschloch! Dammte Mistkrücke!«

Flink wie ein Frettchen entwischte es, als sie es fangen wollte und setzte die Fußtritte gegen alles fort, was in Reichweite war: Sofabeine, Tischbeine, Mahagonikredenz, Stühle.

»Feine Familie! Feine Erziehung, wirklich«, giftete die Frau in meine Richtung. »Willst du deinen Bruder nicht daran hindern, dass er mir die Wohnung demoliert?«

Nein, wollte ich nicht. Im Gegenteil. Das kleine Ungeheuer tat, was ich nur in der Vorstellung zu tun wagte. Das Einzige, wozu ich mich aufraffte: Halb blind vor aufsteigenden Tränen näherte ich mich dem bewussten Tisch und wühlte trotzig meinen salatgrünen Parallelo hervor. Mit Tintenstift hatte jemand unseren Namen oben auf das Packpapier geschrieben. Und unter dem Namen ...

»Und was heißt das hier??!« Anklagend hielt ich der vor Wut hochroten Strickfraumutter das Päckchen unter die Nase. Schwer atmend fingerte sie an ihrer Brille herum.

»Bez.«, stand unter dem Namen. Be-Ee-Zett. Bezahlt.

»Komm, Hermännchen.«

Unten auf der Straße riss er an meiner Jacke wie an einem Klingelzug. »Aber jetz holn wir meins. Aber jetzt meins!« Fordernd klang das. Zugleich war ein Klang drin, den ich von ihm bisher nicht kannte. Jämmerlichkeit. Als argwöhnte er, dass man ihn wieder mal bloß vergackeiert hatte.

»Ja doch, jetzt holen wir deins«, sagte ich tröstend.

Weil ich vor Dankbarkeit überquoll, gab ich ihm kurz entschlossen die Kastagnetten. Sozusagen zur Überbrückung, denn wir hatten noch anderthalb Stunden Heimfahrt vor uns.

»Hier, darfste bissel mit spielen. Wehe, du lässt sie fallen. Und sobald du in der Straßenbahn trittst, beißt oder auch nur ein Wort sagst, bist du sie los. Kapiert? Und auch keine Zunge bläken!«

Denn nie hätte die Gerechtigkeit gesiegt ohne die tätige Beihilfe des kleinen Ungeheuers. Das war mir klar.

Blitzartig hatte das kleine Ungeheuer seine Handschuhe weggeschleudert, die nun an ihren Strippen aus seinen viel zu langen Ärmeln baumelten. Vorsichtig fuhr es mit den krallenähnlichen schwarzgrauen Mittelfingern in die Kordelschlaufen, wie es das vorhin bei mir gesehen hatte. Zartes Klappern wurde laut.

Im Schein der Straßenlaterne wirkte sein Gesicht uralt und fast blauweiß vor Kälte, die Nase ein tomatenrotes Knöpfchen. Irgendwas aber war anders als sonst. So ein ... ein Ausdruck war da, neu, ungewohnt. Musste an den Augen liegen. Am Blick. An dem, was von innen herausschaute und für den Blick verantwortlich war. Ich brauchte eine ganze Weile, bis es mir aufging: Zum ersten

Mal, seit ich es kannte, sah das kleine Ungeheuer wie ein Kind aus. Nicht wie ein Kobold.

Als wir das allerletzte Mal umstiegen, entdeckte ich endlich einen Konsum und kaufte für die fünzig Pfennig lose Sahnebonbons.

»Guck, das ist dein Geschenk, Hermännchen.«

Doch er hörte gar nicht richtig hin. Zwar ließ er sich ein Bonbon in den Mund stecken, aber er konnte offenbar nicht gleichzeitig lutschen und klappern. Braune Lutschspucke rann immer wieder aus seinem Mundwinkel, weil er vergaß hinunterzuschlucken. Die Karamellen hatten keine Chance. Die Kastagnetten aus Segovia beanspruchten seine ganze Aufmerksamkeit. Sie beanspruchten das gesamte Hermännchen. Ohne die geringsten Zicken ließ er sich in der voll gestopften Straßenbahn von Leuten quetschen und schubsen. Kriegte er überhaupt noch Luft? Später erlaubte er sogar, dass eine wildfremde Frau ihn auf den Schoß nahm. Ich glaube, er hatte vollkommen vergessen, wo er war. Und die ganze Zeit klapperte er. Nicht kindisch und lästig, sondern richtige kleine Tonfolgen brachte er zustande. Mal schneller, mal langsamer.

Eingekeilt stand ich daneben und beobachtete sein Gesicht. Wie es das Biestige, Angespannte verlor. Wie es aufblühte. Das kleine Ungeheuer war nahe daran zu lächeln.

Trübe vertilgte ich ein Sahnebonbon nach dem anderen. Zwischendurch suchte ich Trost, indem ich meinen angoraflauschigen Weihnachtspullover betastete. Salatgrün ... hm ... Rosa wäre mir lieber gewesen. Aber es gab nun mal bloß das, was es gab. Bestimmt hätte meine Mutter rosa Garn gekauft, wenn welches zu haben gewesen wäre. Außer dem Pullover würde ich sicher noch zwei oder drei Bücher bekommen. Die suchte meine Mutter immer in Antiquariaten zusammen. Dort gab es mehr Auswahl als in der Buchhandlung. Vielleicht hatte sie sie sogar schon gekauft und sie lagen bereits in der Kredenz hinter den Tischdecken.

Dass es mit den Kastagnetten leider nichts war, musste ich ihr irgendwie noch beibringen. Die zehn Mark würde Tante Mechthild ihr sicher ersetzen.

Aber aus mir würde nun nie eine spanische Tänzerin werden.

18.

Hanna Johansen

Soll man Weihnachten feiern?

Lieber nicht, würde ich sagen. Warum nicht? Unruhe, Feuer und schlechte Luft, würde ich sagen, wenn ich es kurz machen müsste. Aber das wäre wohl doch zu kurz.

Versuchen wir es einmal so: Was es wirklich bedeutet, Weihnachten zu feiern, lernt man als Katze erst mit den Jahren. Jetzt bin ich so weit, dass ich die Alarmsignale früh genug erkenne. Ungewohnte Gerüche, Tannennadeln auf dem Fußboden, ab und zu offenes Feuer auf dem Tisch, und wenn es ausgeblasen ist, bleibt sein Geruch in der Wohnung hängen.

Es hat natürlich keinen Sinn, gleich beim ersten Anzeichen davonzulaufen. Die Anfänge sind im Grunde erträglich, so unangenehm einem auch diese Duftnoten in die Nase stechen. Man muss allerdings aufpassen in der Küche. Mama achtet in dieser Zeit nicht darauf, wo sie hintritt. Vor allem muss man die Nähe des Backofens meiden. Man lernt das schnell.

Am schlimmsten bleibt die offene Flamme – ein Leichtsinn, der gar nicht zu meiner Familie passt. Aber was in dieser Zeit mit ihnen passiert, spottet sowieso jeder Beschreibung. Soll ich es trotzdem versuchen? Lieber nicht, es würde zu lange dauern.

Also kurz, das Leben im Hause wird gefährlicher. Das kann Formen annehmen, die man seinem schlimmsten Feind nicht wünscht. Sie kennen ja unsern Hund, platsch, platsch, platsch, dem macht das alles nichts aus. Er schüttelt einem schließlich auch sein nasses Fell ins Gesicht. Warum? Weil er unsensibel ist, ein Hund eben.

Weihnachten *muss* offenbar sein. Ich habe auch nichts dagegen. Sollen sie es doch feiern. Aber ich möchte damit lieber nichts zu tun haben.

Warum nur muss die Sache ausgerechnet im Winter stattfinden? Im Sommer würde es viel weniger stören. Ich könnte diese grässliche Zeit dann mühelos draußen verbringen. Und man könnte dann auch auf die vielen Kerzen verzichten, weil es von selber warm genug wäre. Auch die Schwierigkeiten mit dem elektrischen Licht würden nicht so ins Gewicht fallen, wenn es draußen hell genug wäre. Das Licht geht in der Vorweihnachtszeit so oft aus, dass sie es notdürftig durch stinkende Kerzen ersetzen müssen, weil Menschen im Dunkeln nun mal so gut wie blind sind. Dabei sind Kerzen, sowohl was die Wärme als auch was das Licht betrifft, eine so klägliche Notlösung, dass sie mir Leid tut, meine Familie. Kein Pelz und schlechte Augen und dann auch noch die Vorweihnachtszeit – ein Wunder, wie sie das aushalten. Es zehrt natürlich an ihren Nerven. Man merkt es an allen Ecken und Enden. Ungefähr vier Wochen dauert das Ganze, und so lange muss man durchhalten.

Wirklich bedrohlich wird es erst, wenn sie nicht nur kleine Tannenzweige hereinholen, als wären sie Vögel, die ein Nest bauen wollen, sondern mit einem ganzen Baum kommen. Dann muss man gehen. Man kann noch bis zum Dunkelwerden warten, wenn es allzu ungemütlich ist draußen, aber das ist der allerletzte Augenblick zur Flucht. Kein guter Moment, was die Jahreszeit betrifft, das brauche ich niemandem zu erklären, denn irgendwann in diesen vier Wochen hat es natürlich geschneit – und jetzt ist von den fröhlich flatternden Schneeflocken nur noch Matsch übrig, Matsch, der nicht nur nass und kalt ist, sondern zu allem Überfluss auch an den Füßen brennt. Kann mir mal jemand erklären, wozu das gut sein soll?

Zurück zum Timing. Jahre habe ich gebraucht, bis ich das alles gelernt habe.

Ach, als ich klein war, hat mir das Fest besser gefallen. Lauter neue glitzernde Gegenstände in ständiger Bewegung, das gefällt einem Kind natürlich. Man konnte zu den Kugeln hinaufspringen und ohne weiteres den Baum umwerfen, an dem sie aufgehängt waren. Das war aufregend, aber ich möchte es trotzdem nicht noch mal erleben. Ich war auch viel zu erschrocken, um es noch einmal zu versuchen. Alle haben sie gekreischt, es wurde heller, und bevor jemand damit rechnen konnte, stand Papa mit einem Eimer Wasser da und goss ihn über den Baum. Ach du Schreck, dachte ich. Ich sage Ihnen, das Wasser spritzte durchs ganze Zimmer. Die Vorhänge brannten aber noch weiter, so dass er mit einem zweiten Eimer kam. Der wurde über die Vorhänge gegossen und dann war es für einen Augenblick ganz dunkel. Als das Deckenlicht anging, schrien die beiden Großen: Meine Schallplatten sind nass! Meine Bücher sind nass! Mein Sowieso geht nicht mehr. Es sah aus, als ginge überhaupt nichts mehr, und sie begannen sich darüber zu streiten, ob das ganze Wasser notwendig gewesen war. Die einen sagten Ja, die andern Nein.

Manchmal streiten sie sich heute noch darüber, und nicht nur, wenn wieder mal Weihnachten ist. Wenn Sie mich fragen: Ich bin immer dagegen, dass man Wasser verwendet. Ich denke, dass sich die Probleme des Lebens auch ohne Wasser lösen lassen.

Nie wieder, habe ich mir geschworen und mich jedes Mal rechtzeitig davongemacht.

Und ausgerechnet dieses Jahr: Ich liege auf der Heizung. Sie fangen mit dem Möbelrücken an, ein Vorbote des Allerschlimmsten, von dem ich noch nicht gesprochen habe.

Ich muss eingeschlafen sein. Ich muss geträumt haben.

Meine Ohren müssen allzu vertrauensselig geworden sein. Jedenfalls haben sie mir nichts gemeldet. Kurz, ich habe den letzten Moment verpasst. Die Türen sind zu und bleiben zu. Was soll der Unsinn?

Als wieder jemand hereinkommt – Papa, und jetzt schon mit Baum –, versuche ich, durch die Tür zu entwischen, aber sie ist wieder zu. Schreien hilft nichts. Sie lassen mich nicht raus.

Noch mal, was soll der Unsinn?

Sie wollen, dass ich dabei bin, sagen sie, beim schönsten Fest des Jahres.

Ich überlege, was sich tun lässt. Den Baum noch einmal umwerfen? Aber der Schreck von damals sitzt mir noch so in den Knochen, dass ich zu zittern anfange, wenn ich nur daran denke.

Alle versammeln sich, es wird heiß, die Geräusche werden unangenehm, die Aufregung nimmt zu, Mama rennt zwischen Küche und Stube hin und her. Und endlich bleibt die Tür offen. Nicht die nach draußen, leider, aber wenigstens die in die Küche.

Aaah!, sage ich mir. Welch köstliche frische von keinem Kerzenqualm verpestete Luft!

Und dann entdecke ich etwas Wunderbares, das mir all die Jahre, in denen ich das Fest im Freien verbracht habe, verborgen geblieben ist. Ich habe *doch* etwas versäumt. Ich habe nicht gewusst, dass zu Weihnachten nicht nur Bäume, Kerzen und anderer Kram sinnlos aufgestellt werden, sondern auch ein herrlicher duftender Lachs. Das ist eine wirklich schöne Sitte, ihn einmal im Jahr nicht im Kühlschrank, sondern offen auf einem Teller ausgebreitet auf den Küchentisch zu stellen, während sie drinnen ihre Stimme zu einer Art von Gesang erheben. Nun gut, Menschen können nicht singen, das ist bekannt, aber, das ist auch bekannt, ohne Toleranz gegenüber den Schwächen des andern gibt es keine Freundschaft. Sollen sie sich an ihrem so genannten Gesang freuen. Ich freue mich unterdessen in der Küche.

Weihnachten feiern ist wohl doch keine so dumme Sache, wie ich immer dachte.

19.

Lassen Beiner

Brückenfahrt

Der Zug hatte, nach längerem Aufenthalt in der Station, wieder volle Fahrt gewonnen. Immer schneller kippten die aufgehäuften Schneemassen zu beiden Seiten der Gleise weg ins Unbestimmte.

Das Abteil wurde von nur zwei Personen belegt, die sich auf den Fensterplätzen gegenübersaßen: einem jungen Mann, adrett gekleidet, mit gepflegten Händen und fein gebürstetem Haar, der ganz den Eindruck eines aufstrebenden Büroangestellten machte, und einem knorrigen Alten mit fleckiger, wie gegerbt wirkender Haut, der in Lodengrün gekleidet war. Die Nahtverzierung seiner Kniebundhose wies ihn als einen in der Gegend Heimischen aus. Er mochte weit über siebzig Jahre zählen.

Der junge Mann stöberte in seiner Reisetasche herum, die auf dem Sitz neben ihm stand, und förderte schließlich eine Apfelsine zu Tage, die er sogleich mit einem Taschenmesser zu schälen begann.

»Schauen Sie«, sagte da sein betagter Abteilgenosse, indem er aus seinem Wams eine Schnupftabakdose zog. »Wir nähern uns dem Rennertal mit seiner berühmten Brücke. Heute vor genau zweiundsechzig Jahren, am neunzehnten Dezember, war dort das Zugunglück. Sie haben sicher davon gehört?«

»Nein«, erwiderte der junge Mann bescheiden und bemühte sich, interessiert dreinzuschauen. Er wollte nicht unhöflich sein.

Nase und Handrücken des Alten trafen sich an einem scheinbar verabredeten Punkt. Eine tüchtige Portion des braunen Pulvers verschwand in seinen schon erheblich geweiteten Nasenlöchern.

»Ich komme darauf«, fuhr der Alte fort, »weil Sie gerade eine Apfelsine schälen. Damals, ich war dreizehn Jahre alt, sah ich die erste Apfelsine meines Lebens.«

Er schniefte und rollte die Augen zur Waggondecke. »Und unter was für Umständen!« Sein Stiefel verursachte ein Kratzgeräusch. Der junge Mann hatte wohl merklich die Augenbrauen in die Höhe gezogen, denn der Alte fragte: »Sie schauen erstaunt? Ja, sehen Sie, Sie sind jung und denken, es hätten die Südfrüchte, so wie Sie sie kennen, immer schon in den Auslagen der Obstgeschäfte ihren Platz gehabt. Vor sechzig Jahren aber, junger Mann, war das anders, da war eine Apfelsine eine Seltenheit, ja, eine Kostbarkeit, um deretwillen man sich zwar nicht den Schädel eingeschlagen hätte, wie man es heutzutage bei vergleichbaren Werten zu tun pflegt, mit der man aber einiges Renommee hätte einlegen können.«

Er blickte auf die Frucht, die nun, ihrer Schale entledigt, prall und saftig in der Hand des jungen Mannes lag und die zu zerlegen seine Finger gerade Anstalten machten. Als er dem Alten ein Stück anbot, schüttelte dieser ablehnend den Kopf.

»Der Zug«, setzte er seine Erzählung fort, »der vor genau zweiundsechzig Jahren auf der Rennertal-Brücke – die, nebenbei bemerkt, in ganz Europa berühmt ist für ihre Stahlkonstruktion – entgleiste, hatte neben den üblichen Postsäcken und einem Sarg Südfrüchte geladen.«

Der junge Mann horchte auf. »Einen Sarg?«

»Ganz recht«, es handelte sich um eine Überführung. Ein junger Mann, wie Sie einer sind, hatte seine Frau verloren. Sie hatten einen gemeinsamen Skiurlaub in der Schweiz begonnen. Es war ihre Hochzeitsreise, glaube ich. Aufgrund beruflicher Erfordernisse musste er ihn vorzeitig abbrechen. Seine Frau dagegen ...«

Der Alte zögerte. Der junge Mann dagegen zeigte sich immer interessierter. Hatte doch auch er gerade seinen Urlaub in der Schweiz abbrechen müssen, weil seine Mutter daheim auf den Tod krank lag. Hatte doch auch er seine Frau in den Bergen zurückgelassen – was für ein Zusammentreffen!

Der Alte nahm erneut, langsam, ganz langsam, in nicht enden wollenden Bewegungen, eine Prise Schnupftabak. Als er sah, welch gespannter Blick auf ihm ruhte, hielt er auch dem jungen Mann das Döschen hin. Der lehnte ab, wie zuvor der Alte die Orange abgelehnt hatte.

»Was war mit seiner Frau?«, fragte der Junge ungeduldig.

»Sie blieb zurück am Urlaubsort und erlitt einen Unfall.« Der Alte zog ebenso langsam wie zuvor die Schnupftabakdose ein Taschentuch aus seiner Hose und schneuzte sich die Nase. »Einen Skiunfall«, präzisierte er. »Tödlich.«

Eine Pause entstand, während der nur das Rattern des Zuges zu hören war und ein Pfeifton, den die Zugluft an der Abteiltür verursachte.

»Und er?«, fragte der junge Mann, mehr und mehr interessiert an der Erzählung des Alten. Hellhörig geworden, vermutete er einen doppelten Boden in ihr. »Was war mit ihm?«

»Er?« Der Alte schaute verwundert. »Er hat ihren Leichnam überführt, nach Hause – Hannover, glaube ich.« Er stutzte. »Oder hat es doch zumindest versucht.«

»Was heißt das: versucht?« Der junge Mann war aufgeregt.

»Das heißt, dass er mit seiner Fracht nicht ans Ziel gelangte.«

»Wieso nicht?«

»Weil der Zug, wie ich Ihnen vorhin schon einmal sagte, verunglückt ist. Es war ein Güterzug, von einem Pensionär gesteuert.«

»Von einem . . .?«

»Ja, von einem Pensionär, dem alten Emil Streiter. Ich habe ihn noch gekannt. Er war wenige Monate zuvor in den Ruhestand versetzt worden, aber wegen eines Personalausfalls hat man ihn noch einmal für eine Fahrt herangezogen. Kurzstrecke.«

»Ist denn das zulässig?«, fragte der junge Mann erregt.

»Ich kenne die Dienstvorschriften von damals nicht, junger Mann, aber der größte Wunsch vom alten Emil Streiter war es, noch einmal auf die Schiene zu kommen. Er hatte sich an das Rentnerdasein nicht richtig gewöhnen können.« Der Alte seufzte und warf einen Blick aus dem Abteilfenster. »Es war seine letzte Fahrt.«

Der junge Mann, aufs Äußerste gespannt, wollte Näheres wissen. Der Alte holte tief Luft. »Sie werden gleich bemerken«, erklärte er, »die Eisenbahnbrücke legt sich über das Rennertal. Der Zug gewinnt durch das Gefälle des Berges, auf dem wir uns in diesem Moment befinden, enorm viel Fahrt und muss regelmäßig abgebremst werden.«

Der Alte legte eine lange Pause ein.

»Nun, und?«, forderte ihn der junge Mann zur Fortführung auf. Der Alte räusperte sich.

»Die Untersuchungskommission will damals herausgefunden haben, dass Emil Streiter, der Lokführer, das aus unerfindlichen Gründen versäumt hat. Der Zug entgleiste mitten auf der Brücke und stürzte ins Tal. Die Ladung – es war ja ein Güterzug – ergoss sich über Hunderte von Metern.«

Wieder machte der Alte eine Pause. Dann beugte er sich langsam zu dem jungen Mann hinüber und sagte leise: »Aber wenn Sie meine Meinung hören wollen« – er senkte die Stimme noch mehr –, »es war die Kraft der Trauer, die den Zug hat entgleisen lassen. Der Mann, ich meine den Ehemann, konnte den Tod seiner jungen Frau nicht verwinden. Weinend soll er während der ganzen

Fahrt am Sarg gesessen haben. Ich glaube, er wollte ihr so schnell wie möglich folgen, und so ...«

»Und so?«

»Musste der ganze Zug dran glauben.«

Pause.

»Aber woher weiß man denn das?«, rief der junge Mann plötzlich aus, so als habe er eine Erleuchtung gehabt.

»Was?«

»Dass er die ganze Zeit über weinend am Sarg gesessen hat, noch dazu mit Todeswünschen. Gab's Überlebende, die das bezeugen konnten?«

Der Alte schien belustigt. »Na, Sie sind mir ja ein ganz Genauer! Nein, Überlebende gab's nicht – nicht in dem Unglückszug. Aber der Mann war ja, mitsamt seinem schaurigen Gepäck, kurz zuvor umgestiegen, in eben jenen Unglückszug. Das Personal des anderen, des ersten Zuges hat das, was ich eben vom Verhalten des Mannes berichtete, glaubwürdig bestätigt.«

»Und der Führer des Unglückszuges?«

»Emil Streiter? Man hat ihn nie gefunden.«

Der Alte machte ein schmatzendes Geräusch mit den Lippen. »Zum Glück war es nur ein Güterzug, voll geladen mit Obst und Gemüse. Stellen Sie sich vor, bei klirrender Kälte und Schnee hagelt es Südfrüchte ins Tal: Zitronen, Apfelsinen, Pampelmusen. Ich hatte nie vorher eine Orange gesehen. Wir Kinder waren hellauf begeistert, und auch die Erwachsenen kamen ins Tal gelaufen, um die Früchte aufzulesen. Wir zeigten sie unserem Lehrer, und – ich weiß es noch, als sei es gestern gewesen – der wies uns empört an, sie wieder dorthin zurückzubringen, wo wir sie gefunden hatten.« Pause. »Na, und was sage ich Ihnen?«

»Na, was denn?«

»Als wir zurückkamen, waren die anderen Früchte alle zu Stein gefroren. Aber sehen Sie«, unterbrach sich der

Alte, »da taucht die Brücke auf. Merken Sie's? Wir beschleunigen unsere Fahrt, wegen des Abhangs. Der Lokführer muss bremsen, sonst . . . «

Der Zug hatte tatsächlich die Fahrt beschleunigt, das Mahlen der Räder auf den Schienen übertönte die brüchige Stimme des Alten, in wilder Jagd ging es bergab, die Gebirgslandschaft schnellte am Abteilfenster vorbei. Plötzlich quietschten die Räder, ohne dass eine Bremswirkung zu spüren war. Laute, ängstliche Fragen drangen aus den anderen Abteilen und vom Gang her.

»Keine Angst«, sagte der Alte. »Das ist immer so an dieser Stelle.«

Die Geschwindigkeit erhöhte sich mehr und mehr, der Zug geriet ins Holpern. Vereinzelte Schreie wurden hörbar.

20.

Barbara Veit

Omas Zeichen

»Wir müssen Großmama einen Christbaum bringen!«, sagte Carla und steckte schnell ein Stück Kipferlteig in den Mund.

Carlas Mutter hörte auf zu kneten und ließ die Hände sinken. Dann nickte sie langsam und lächelte Carla zu.

»Aber Oma ist tot!«, murmelte Carlas kleiner Bruder Ferdinand. »Wo sollen wir denn den Christbaum hinbringen?«

»Auf den Friedhof natürlich! Wir stellen den Christbaum auf Omas Grab!«, antwortete Carla. »Dann ist sie an Weihnachten nicht so allein!«

Carla wischte ihre Finger ab, nahm ein Streichholz und drückte den Rand der Kerze ein, die auf dem Küchentisch brannte. Sie schaute zu, wie das flüssige Wachs an der Kerze herablief und langsam erstarrte. Ganz tief drinnen in ihrer Brust tat es ein bisschen weh. In der Weihnachtszeit war Oma immer bei ihnen gewesen und hatte kiloweise Plätzchen gebacken: die besten Vanillekipferl der Welt, die knusprigsten Butterplätzchen, die süßesten Nussmakronen und die schönsten Lebkuchen. Wenn Carla an Oma dachte, hatte sie jedes Mal das Gefühl, sie könne den Duft frischer Plätzchen riechen. Aber Oma war nicht mehr da. Vor vier Monaten war sie plötzlich gestorben. Mitten in der Nacht. Mama hatte sie am nächsten Tag gefunden.

»Sie ist ganz friedlich eingeschlafen«, hatte Mama gesagt und sich die Augen gewischt.

»Warum wacht sie dann nicht mehr auf?«, hatte Ferdinand gefragt und da weinte Mama los und konnte gar nicht mehr aufhören. Carla und Papa weinten auch und endlich begriff Ferdinand, dass Oma anders schlief als sonst. Da hatte er seine kleinen Fäuste geballt und Tränen waren über sein Gesicht gelaufen.

»Oma ist jetzt im Himmel!«, hatte Mama geschluchzt.

»Es geht ihr gut da oben und sie ist mit eurem Großvater zusammen. Das hat sie sich immer gewünscht!«

Bei der Beerdigung hatte Ferdinand sich ganz nah an Carla gedrückt und vorsichtig in das tiefe Loch hinunter geschaut, das für den Sarg ausgehoben worden war. Mit erschrockenen Augen hatte er zugesehen, wie der Sarg langsam in das Loch hinabgelassen wurde und alle Menschen eine Schaufel Erde auf Omas Sarg rieseln ließen. Dann hatte er Carlas Hand genommen und leise gesagt: »Oma ist nicht im Himmel! Sie ist ganz unten in der Erde! Das ist gemein! Sie kann nicht mehr raus!«

Carla hatte Ferdinands Hand ganz fest gedrückt.

»In dem Sarg ist nur Omas Körper! Ihre Seele ist im Himmel, ganz bestimmt, Ferdi!«

Aber er schüttelte den Kopf.

»Oma ist weg!«, sagte er leise.

Nie begleitete er später Carla und Mama zum Friedhof. Er hasste das Grab, weil Oma dort eingesperrt war.

»Ich will nie sterben!«, sagte er.

Carla sah zu Ferdinand hinüber, der seit zehn Minuten an einem Vanillekipferl arbeitete. Der Teig hatte sich in seinen Händen inzwischen dunkel gefärbt, so lange knetete Ferdinand schon an ihm herum.

»Oma wird sich ganz bestimmt über den Christbaum freuen, Ferdi«, sagte Carla. »Du kannst ein paar Plätzchen für sie dranhängen und Sterne, die wir gestern gebastelt haben.«

»Ja«, sagte Mama leise, »ich werde Omas Lieblingschristbaumkugel an den Baum hängen und wir können viele Kerzen draufstecken. Oma mochte Kerzen so gern.

Komm doch mit, Ferdi, wenigstens einmal vor Weihnachten!«

Ferdinand zuckte die Achseln und steckte das zerquetschte Kipferl, an dem er so lang gearbeitet hatte, in den Mund.

»Bist du sicher, dass Oma den Baum sehen kann?«, fragte er Mama.

»Ganz sicher, Ferdi. Und du kannst auch was Lustiges dranhängen. Du weißt doch, wie gern Oma gelacht hat!«

Am nächsten Tag kaufte Mama einen kleinen Christbaum und nach der Schule machten Carla und Ferdinand sich daran, ihn zu schmücken. Sie hängten bunte Sterne aus Stanniolpapier an die Zweige, ein paar Plätzchen, winzige bunte Glaskugeln und einen kleinen Teddybären.

»Wunderschön habt ihr das gemacht«, sagte Papa, als er von der Arbeit nach Hause kam. »Morgen bringen wir den Christbaum zu Omas Grab. Ich komme auch mit, weil Samstag ist!«

Er ging zweimal um den kleinen Baum herum, griff dann prüfend nach den Nadeln und schüttelte ein wenig den Kopf.

»Ziemlich trocken«, murmelte er.

»Ich hab keinen anderen Baum gefunden«, antwortete Mama. »Die kleinen Bäumchen waren fast ausverkauft.«

»Naja«, sagte Papa, »es ist eiskalt draußen, da wird er sich schon bis Weihnachten halten!«

Am nächsten Vormittag luden sie den kleinen Christbaum vorsichtig ins Auto und fuhren zum Friedhof. Der Christbaum verlor während der Fahrt eine ganze Menge Nadeln und zwei Vanillekipferl zerbröselten. Carla dachte, dass es Oma bestimmt nichts ausmachen würde, aber Papa brummte, der Baum sähe allmählich aus wie ein gerupftes Huhn. Außerdem sei das ganze Auto inzwischen voller Tannennadeln – er hätte keine Lust, es sauber zu machen!

Oje, dachte Carla, jetzt hat er schlechte Laune. Hoffentlich fängt er nicht an mit Ferdi zu streiten. Das machte Papa nämlich meistens, wenn er schlechte Laune hatte.

»Ich finde Omas Baum schön!«, sagte sie laut. »Und gestern hast du ihn auch noch schön gefunden!«

Schweigend hob Papa den Baum aus dem Auto und hielt ihn hoch. Die bunten Sterne glänzten, die Kerzen hingen schief und die restlichen Nadeln sahen mehr grau als grün aus. Trotzdem war es ein ganz besonderer Baum, fand Carla, und er passte genau zu Oma. Oma trug gern bunte Halsketten und Wolltücher aus Südamerika und ein wenig Unordnung hatte sie nie gestört!

»Ja«, sagte Papa und versuchte zu lächeln, »wenn du meinst, dass der Baum schön ist ... jedenfalls ist er ungewöhnlich, das kann man sagen.«

Dann ging er voraus und trug den Baum ganz vorsichtig, damit nicht noch mehr Plätzchen zerbröselten. Zweimal stolperte er über Schneeklumpen auf dem Gehsteig und jedes Mal regnete es Tannennadeln. Carla unterdrückte mühsam ein Kichern, das plötzlich aus ihrem Bauch aufstieg. Sie wünschte sich heftig, dass Oma bei ihnen sein könnte, denn Oma hätte laut gelacht!

Mama sagte nichts und schaute sehr ernst. Ferdinand starrte mürrisch auf den Boden. Am Friedhofstor blieb er stehen.

»Ich komm nicht mit!«, sagte er.

»Aber Ferdinand!«, rief Mama. »Es ist bald Weihnachten und wir wollen Oma eine Freude machen und an sie denken. Du musst heute mitkommen!«

»Ich kann auch hier an Oma denken!«, murmelte er trotzig.

»Du kommst mit, mein Lieber!«, sagte Papa und hielt grimmig den Christbaum hoch. »An Weihnachten besucht man die Verstorbenen!«

»Auch wenn sie gar nicht da sind?«, fragte Ferdinand und schaute weiter auf den Boden.

»Aber sie sind da! Du musst nur an sie denken!«, rief Papa ärgerlich. Er war nicht besonders gut im Erklären von komplizierten Dingen und schon gar nicht geduldig. Carla hatte den Verdacht, dass Papa Friedhöfe genauso wenig mochte wie Ferdinand. Deshalb überlegte sie heftig, was sie tun konnte, um ihren Bruder umzustimmen. Noch immer saß dieses seltsame Kichern in ihrem Bauch und gleichzeitig fürchtete sie, dass es einen großen Krach geben könnte. Papas Laune war wirklich nicht sehr gut.

»Also, ich geh jetzt!«, sagte Papa entschlossen. »Ich habe keine Lust, kalte Füße zu bekommen! Dann wartest du eben hier, Ferdinand!«

Papa ging mit schnellen, kleinen Schritten in den Friedhof hinein. Man konnte schon von hinten sehen, dass er wütend war. Mama zögerte einen Augenblick, seufzte dann und sagte: »Ach, komm doch, Ferdi!«

Ferdi aber schüttelte den Kopf und stand wie eine Salzsäule vor dem Tor. Der Schnee glitzerte in der Sonne, eine dicke Krähe landete auf der Friedhofsmauer und sagte »Krächz!« Und als hätte die Krähe ihr etwas eingeflüstert, hörte Carla sich sagen: »Komm schon Ferdi! Wenn Oma uns sieht, wird sie uns ein Zeichen geben. Wenn sie kein Zeichen gibt, dann musst du nie mehr auf den Friedhof, das verspreche ich dir!«

Ferdinand starrte Carla stirnrunzelnd an.

»Was denn für'n Zeichen?«

»Keine Ahnung! Deshalb musst du ja mitkommen!«

»Glaubst du das echt? Dass Tote Zeichen geben können?«

»Ja, glaub ich!«, sagte Carla, aber ganz sicher war sie nicht. Obwohl – irgendwie hatte sie das Gefühl, als sei Oma ganz in ihrer Nähe. Vielleicht kribbelte es deshalb so in ihrem Bauch?

Ferdinand warf seiner Schwester einen misstrauischen Blick zu und setzte sich dann ganz langsam in Bewegung.

So folgten sie den Eltern an endlosen Reihen von Gräbern entlang. Überall standen schon kleine Weihnachtsbäume auf den Grabhügeln. Ordentliche Bäumchen mit ordentlichen Schleifen und Kerzen, ohne Stanniolsterne und zerkrümelten Plätzchen. Wieder musste Carla kichern. Ganz leise, niemand merkte etwas. Nein, es stimmte nicht. Ferdinand sah sie nachdenklich an und dann huschte ein winziges Lächeln über sein ernstes Gesicht. Carla drückte seine Hand und legte einen Finger an die Lippen.

»Ssscht!«, machte sie. »Denk an Oma!«

Ferdinand nickte.

Kurz darauf erreichten sie Omas Grab. Papa stellte den Baum ab, Mama wischte den Schnee vom Grabstein und rückte die Tannenzweige zurecht, mit denen sie schon im Herbst die Erde bedeckt hatte. Schließlich standen sie alle vier um den Christbaum herum, der wie ein zerrupfter Paradiesvogel aus dem Schnee ragte.

»Wir müssen die Kerzen anzünden!«, sagte Carla.

»Aber heute ist doch nicht Heiliger Abend!«, meinte Mama.

»Ist doch egal!«, flüsterte Ferdinand. »Wenn Oma da ist, freut sie sich trotzdem über die Kerzen!«

Da lächelte Papa und zog ein Feuerzeug aus seiner Hosentasche. Er richtete die Kerzen auf und zündete sie an – eine nach der andern. Carla zählte mit. Es waren neun Kerzen. Als alle brannten, standen Carla, Ferdinand und ihre Eltern still da und schauten den Baum an. Keiner sagte ein Wort.

Plötzlich ließ ein Windstoß die Kerzen aufflackern und im nächsten Augenblick stand der Weihnachtsbaum in hellen Flammen. Papa sprang nach vorn und schlug nach dem Feuer, doch die trockenen Nadeln brannten lichterloh. Die Stanniolsterne tanzten, die Plätzchen wurden schwarz, Rauch stieg auf.

»Mein Gott!«, stammelte Mama.

Ferdinand starrte erschrocken auf den brennenden Christbaum, Papa schimpfte vor sich hin – nur Carla spürte schon wieder dieses Kichern in ihrem Bauch. Sie stieß ihren Bruder an und sagte leise:

»Ich hab dir doch gesagt, dass Oma uns ein Zeichen gibt! Sie will uns garantiert sagen, dass wir nicht traurig sein sollen!«

Und dann brach das Kichern aus ihr heraus und sie lachte los. Ferdinand fing ebenfalls an zu lachen, dann stimmte Mama ein und zuletzt auch Papa. Sie fassten sich an den Händen und riefen:

»Frohe Weihnachten, Oma!«

Der kleine Christbaum aber qualmte und mit einem leisen »Pling« platzte eine Glaskugel. Das »Pling« klang so, als hätte Oma gelacht ...

21.

Michael Wildenhain

Der Kalender

I

Nachdem meine Eltern sich im Herbst getrennt hatten, zog mein Vater für die Wintermonate in die Schweiz, um dort als Skilehrer zu arbeiten.

Obwohl ich in der fünften Klasse war und zur Schule gehen musste, durfte ich ihn begleiten, weil ich seit August eine hartnäckige Bronchitis hatte.

»Helen«, sagte die Ärztin, »die Luft dort ist besser als in der Stadt.«

»Helen«, sagte meine Klassenlehrerin, »fahr nicht nur Ski, sondern arbeite, was du versäumen wirst, nach.«

Beide, die Ärztin sowohl als auch meine Klassenlehrerin, sahen mich mit einem besonderen Blick an, von dem sie glaubten, ich bemerkte ihn nicht. Der Blick besagte: Es tut uns für Mädchen, die es schwer haben, Leid. Es war ein Blick, den ich hasste.

Als meine Eltern sich kennen lernten, leitete mein Vater eine Skischule in Davos. Als er zu meiner Mutter in die Stadt zog, war er zunächst Reiseleiter bei einem Touristikunternehmen, das auf Bergtouren und Skifahrten spezialisiert war. Dann wurde er Abteilungsleiter für Sportartikel in einem großen Warenhaus, wo er schließlich halbtags als Fachverkäufer einsprang, wenn meine Mutter nicht auf Tournee war.

Meine Mutter war Schauspielerin. Manchmal sang sie. Manchmal drehte sie Filme. Manchmal führte sie sogar Regie.

Als ich klein war, wollte ich ebenfalls Schauspielerin oder Sängerin werden. Hin und wieder durfte ich als Kind beim Film Statistin sein. Einmal hatte ich meine Mutter gefragt, wie sie wieder aus dem Fernsehgerät herauskäme. Meine Mutter lächelte, strich mir über das Haar und sah mich mit einem besonderen Blick an, von dem sie annahm, ich bemerkte ihn nicht. Es war ein Blick, der besagte: Kleine Mädchen sind süß.

Später goss ich Blumenwasser in den Fernsehapparat. Etwas darin verschmorte.

Bevor ich meinem Vater am 30. November in die Berge folgte, schenkte mir meine Mutter einen Adventskalender.

Sie hatte zweimal den gleichen gekauft: einen für sich, einen für mich. Weil meine Eltern darin übereingekommen waren, dass ihre Trennung nur eine Trennung auf Probe sei, zeigte mir meine Mutter das Türchen mit der »21« und sagte, ehe sie mich zum Bahnhof brachte: »Am 21. komme ich zu euch. Bis dahin öffnen wir jeder jeden Tag eine Tür.«

Ich nahm den Kalender, bedankte mich und war mir nicht sicher, ob meine Mutter halten würde, was sie versprach. Sie hielt selten, was sie versprach.

Im Zug, einem Nachtzug, sah ich aus dem Fenster und weinte eine Weile. Aber es hörte keiner, weil niemand neben mir saß.

2

Als ich am nächsten Tag auf der Skihütte meine Sachen ausgepackt hatte, öffnete ich die erste Tür meines Adventskalenders. Im Fach befand sich eine Eisenbahn aus Schokolade und dahinter ein buntes Bild, das die Eisenbahn, eine Dampflokomotive, noch einmal zeigte. Ich aß die Lokomotive und legte mich aufs Bett.

Skihütten sind klein. Mein Vater und ich hatten ein winziges Zimmer mit einem Doppelstockbett.

Er schlief unten, ich schlief oben. Kaum war er abends eingeschlafen, begann er zu schnarchen. Ich lag lange wach, horchte auf seine Atemzüge, auf das rasselnde Geräusch, und fragte mich, warum mein Vater weder mit mir über meine Mutter redete, noch sonderlich traurig oder betrübt zu sein schien. Nur sein Schnarchen wirkte manchmal, als träumte er schlecht oder grämte sich, weil meine Mutter nicht da war.

Während ich im oberen Bett wach lag und nicht schlafen konnte, dachte ich nach. Ich fragte mich, wer schuld an der Trennung meiner Eltern sei. Ich fragte mich, warum mein Vater die Abwesenheit meiner Mutter so leicht nahm. Fast kam es mir vor, als wäre ihm eine Last von den Schultern genommen, nun da er wieder in den Bergen war.

Ich hatte mich auf die Skiferien gefreut. Die Freude war verflogen.

Am Morgen stand mein Vater als Erster auf, weckte mich mit einem Kuss, hob mich aus meinem Bett, heizte im Erdgeschoss den Holzofen an – außer uns übernachteten manchmal weitere Gäste im ersten Stock – und frühstückte mit mir: heiße Milch mit dickem Honig, Haferflocken, Nüssen und Körnern.

»Das Richtige zum Skifahren«, sagte mein Vater. Er sagte es jeden Morgen. Dabei sah er mich an.

Es war ein besonderer Blick, den ich bemerken sollte. Ein Blick, mit dem mein Vater mich wortlos fragte: Dein Husten ist doch besser, wann wirst du endlich Ski fahren?

Der Blick war mir beinahe unangenehmer als die, die ich nicht bemerken sollte. Ich senkte die Augen, rührte in meiner heißen Honigmilch und murmelte: »Ich mach erst das Zeug für die Schule und dann geht das Skifahren los.«

Ich weiß nicht, ob mein Vater mir glaubte, ich glaubte mir nicht. Wenn er mir nicht glaubte, ließ er sich nichts anmerken. Pfeifend räumte er den Tisch ab, zog sich seine Schneehose über die Jeans und das Schneehemd über den

Pullover, gab mir einen weiteren Kuss, einen, der fröhlich sein sollte, aber nicht unbeschwert war, stieg in seine Skistiefel und stapfte in den Keller, wo die Skier standen.

Mein Vater ging jeden Morgen zum Sammelplatz vorm Sporthotel. Entweder unterrichtete er einen festen Skikurs oder er wartete auf einzelne Skischüler, falls sich Anfang der Woche nicht genügend Leute für einen Kurs gefunden hatten. Sonntagsfahrer, die viel Geld, aber keine Ahnung hatten und ihn am Ende des Tages unzufrieden verabschiedeten, weil sie meinten, nichts gelernt zu haben, bloß weil sie nicht perfekt waren. Ältere Frauen, mit denen er weniger Ski fuhr, als im Bergrestaurant saß, Jagertee trank und ihnen zuhörte.

Mir hatte mein Vater das Skifahren früh beigebracht. Ich konnte besser als all seine Schüler fahren. Seit ich angekommen war, hatte ich die Hütte nicht verlassen.

Weder hatte ich die Schönheit der schneebedeckten Berge noch den scharfen Kontrast zum blauen Himmel, weder die schwarzen Tannen, auf deren Zweigen der Schnee wie schwere Watte hing, noch die Sonnenuntergänge, das häufig schwefelgelbe Licht, wahrgenommen: nur das Zimmer mit dem Doppelstockbett und die Stube mit dem Holzofen und den seltenen Gästen.

»Lass dich nicht so gehen, Helen«, würde meine Lehrerin zu mir gesagt haben, hätte sie mich gesehen.

Meine Lehrerin war in der Stadt. Meine Skier standen im Keller. Ich hatte sie seit meiner Ankunft nicht einmal angefasst.

3

Am Tag, als Sylvia Mikolewitsch im Skigebiet auftauchte, öffnete ich die elfte Tür meines Adventskalenders. Ich aß einen Engel aus Schokolade und schaute mir die bisherigen Bilder des Adventskalenders an.

Keines war ungewöhnlich. Es gab zum ersten Advent einen Tannenzweig, dann einen Hasen, danach einen großen Raubvogel, Bussard oder Adler, zum Nikolaus einen Nikolaus, anschließend ein Eichhörnchen. Und auch einen Schneemann.

Am selben Tag hatte ich mit meinem Vater vor der Hütte einen Schneemann gebaut. Er war darauf gekommen, als er sich meinen Kalender angesehen hatte.

Während wir den Schnee zu einer Kugel zusammenrollten, fragte mich mein Vater leise: »Du vermisst deine Mutter sehr?«

Ich nickte.

Er sagte: »Mir geht es auch so.«

Wir machten aus dem Schneemann eine schlanke Schneefrau.

Das war vor zwei Tagen gewesen. Seit heute Morgen gab mein Vater Sylvia Mikolewitsch privaten Skiunterricht.

Sylvia Mikolewitsch, die mein Vater nicht Frau Mikolewitsch, sondern von Anfang an Sylvia nannte, war weder eine unzufriedene Sonntagsfahrerin noch eine ältere Frau, die sich die Skier tragen lässt und nach der ersten Liftfahrt in einem Bergrestaurant einkehrt, um dort Jagertee zu trinken oder Marzipanlikör. Auch Sylvia Mikolewitsch ließ sich die Skier tragen. Aber nur, weil mein Vater darauf bestanden hatte.

Ich stellte mich neben die Schneefrau und sah ihnen zu, wie sie den Hang fast synchron hinunterfuhren. Mein Vater auf seinen nur leicht taillierten, über zwei Meter langen Skiern. Sylvia Mikolewitsch fuhr einen kürzeren Carving-Ski und würde auch auf einem Snowboard lässig wirken.

Carving-Ski, hatte mein Vater einmal gesagt, fahren wie von selbst. Dabei verzog er den Mund.

Ich fragte mich, warum sich Sylvia Mikolewitsch Unterricht geben ließ.

Am nächsten Tag roch die Luft, als ob das Wetter bald

umschlagen würde. Nicht mehr der strahlend blaue Kontrast zu den schneebedeckten Gipfeln, sondern Schneefall oder Wolken oder beides.

Noch schien die Sonne. Ich stand als Erste auf.

Das gelbe Licht zwischen den Tannen hatte ein schon dunkleres Gelb angenommen. Ich vergaß, das Türchen meines Kalenders zu öffnen.

»Oh«, sagte mein Vater, als er hinunter in die Stube kam, der Holzofen schon angeheizt war und die Schälchen mit der dicken, heißen Honigmilch samt Körnern und Haferflocken auf dem Tisch standen. So früh am Morgen waren wir die Einzigen, die beim Frühstück saßen.

»Wirst du fahren?«, fragte mein Vater, während er die letzten Reste aus seiner Schale löffelte.

»Vielleicht«, erwiderte ich und räumte das leere Geschirr in die kleine Küche.

Mein Vater musste Sylvia Mikolewitsch vor dem Sporthotel treffen. Dorthin lief man vier Minuten, denn der Schnee war tief und die Wege kaum zu erkennen.

Ich musste nur meine Ski aus dem Keller holen, mir meinen Schneeanzug anziehen und den Liftpass, den mir mein Vater am ersten Tag gekauft hatte, um den Hals hängen. Vier Minuten Vorsprung reichten, um als Erste oben an der Bergstation unseres Schlepplifts zu sein.

Als mein Vater den Anker des Lifts losließ und zusammen mit Sylvia Mikolewitsch seitlich aus der Spur fuhr, sagte er zum zweiten Mal und noch einen Hauch verdutzter als am Morgen: »Oh!«

Dann wandte er sich an seine Skischülerin, die keinen Unterricht mehr brauchte, machte eine Geste von mir zu ihr und eine weitere in umgekehrter Richtung und sagte: »Helen, meine Tochter – Sylvia Mikolewitsch, meine …«

»Schülerin«, fügte Sylvia Mikolewitsch lächelnd hinzu.

Ein Lächeln, das wohl bedeutete: Wir wissen beide, wovon die Rede ist.

Obwohl ich ihre Augen hinter der verspiegelten Brille genauso wenig erkennen konnte wie sie meine Augen, hasste ich nicht nur ihr Lächeln, sondern auch ihren Blick.

Mein Vater, der bei jedem Wetter ohne Sonnenbrille fuhr, stand neben uns und wirkte hilflos.

Geschützt durchs Spiegelglas meiner Brille sah ich meinen Vater an.

Er lehnte sich auf seine Skistöcke. Er wusste nicht weiter.

Sylvia Mikolewitsch wollte mir die Hand reichen. Sie streifte ihren Handschuh von den Fingern, lächelte und streckte ihren Arm aus.

Die Hand hing in der kalten Luft. Die Tannen waren schwarz. Der Schnee beugte die gefrorenen Äste. Das Licht war gelb wie dunkler Honig. Ich wandte mich um und fuhr los.

Es war die erste Abfahrt seit einem Jahr, ich hätte mich vorsehen sollen. Aber ich meinte, Sylvia Mikolewitsch auf ihren schicken Skiern im Rücken zu spüren.

Als ich die Geländekante erreichte, die ich aus dem Vorjahr kannte, drückte ich mich ab. Ich sprang, obwohl ich husten musste, und merkte, dass mir der scharfe Wind Tränen in die Augen trieb. Ich sah, wo ich absprang, aber nicht, wohin ich sprang. Ich spreizte die Beine weit auseinander. Ein Bussard, der den Himmel streift und Sylvia Mikolewitsch klein wie ein Häschen werden lässt, ein Häschen aus Schokolade.

Ich landete, kam aus dem Gleichgewicht. Ich fuhr, mit trüben Augen, in eine große Tanne.

Der Stamm war durch den aufgetürmten Schnee gepolstert. Ich fiel in ein Loch. Ich lag auf dem Rücken, ein Käfer, der strampelt und nicht mehr auf die Beine kommt.

Der Schnee rieselte von den Zweigen wie Staub, bedeckte mein Gesicht und meine Brille.

4

Mir tat nichts weh. Mein Vater sagte, ich solle mich bis abends ausruhen. Als er mich in die Hütte getragen hatte – und wieder gegangen war, obwohl Sylvia Mikolewitsch auf den Unterricht verzichtet hätte –, lag ich allein im Zimmer und versuchte nicht zu weinen. Mein Blick fiel auf den Adventskalender. Ich dachte an meine Mutter und öffnete die Tür, die ich am Morgen vergessen hatte.

Der Schlitten aus Schokolade war ein Schlitten aus Schokolade, auf dem ein Mädchen saß. Das Bild hinter der Schokolade zeigte den Schlitten und das Mädchen und eine Tanne, auf die das Mädchen zufuhr.

Die Schokolade blieb mir im Hals stecken.

Ich schaute mir das erste Bild an: die Eisenbahn. Ich schaute mir den Schneemann an: Er trug, sah man genau hin, Zöpfe. Ich schaute mir den Engel an: Vielleicht war die Schokoladenfigur tatsächlich ein Engel gewesen, das Bild dahinter zeigte eine grimmige Fee – oder, je nach Lichteinfall, eine lieblich lächelnde Hexe.

Ich starrte auf den Adventskalender. Ich öffnete sämtliche Türchen. Hinter dem Nächsten verdeckte ein Skifahrer aus Schokolade ein Bild, auf dem der Skifahrer einer Skifahrerin folgte.

Hastig riss ich Türchen für Türchen auf und pulte die Schokolade aus den Fächern. Sternschnuppen, Rehe und Geschenke. Die Schokolade lag vor mir. Die Bilder bis zum 19. hatte ich mir angesehen. Ich zögerte. Ich drückte die Schokoladenfiguren in die Vertiefungen zurück. Widerwillig öffnete ich die Kalendertür mit der 20.

Kein Auto. Keine Kutsche. Kein Flugzeug. Keine Eisenbahn. Nicht einmal eine Frau mit Taschen oder Koffern.

Stattdessen ein Notenschlüssel aus Vollmilchschokolade und einige Noten aus Luft.

Gedankenlos nahm ich den Schlüssel aus Schokolade aus der Vertiefung und aß ihn auf.

Am 22. Dezember fuhr eine Schokoladenkutsche, darin ein Mädchen, durch den Schnee davon. Am 23. gab es einen Stern mit Schweif. Am 24. standen Maria und Josef neben einem nackten Säugling, der in der Krippe schrie.

Stück für Stück steckte ich die Schokolade in den Mund und zerriss den Kalender.

In der Nacht bekam ich Fieber. Ich musste nicht mehr husten. Aber die Welt war weich wie trockener Pulverschnee.

5

Meine Mutter kam am 21. Dezember. Sie kam früh am Vormittag. Sie hatte im Tal übernachten müssen. Ich hatte das Flugzeug übersehen, dass der Kalender am einundzwanzigsten zeigte.

Sylvia Mikolewitsch wohnte inzwischen in einem Zimmer in unserer Skihütte. Sie aß am Morgen Milch mit Honig. Sie fuhr täglich mit meinem Vater Ski. Sie musste nicht mehr für den Unterricht zahlen. Ich ging ihr aus dem Weg.

Als meine Mutter ankam, holte mein Vater sie von der Gondel ab. Ich hatte kein Fieber mehr. Sylvia Mikolewitsch fuhr alleine Ski.

Als meine Mutter die Hütte betrat, umarmte sie mich fahrig, sagte: »Was bist du braun geworden« und redete danach weiter vom Erfolg ihrer Tournee.

Mein Vater redete nicht. Er trug eine Sonnenbrille.

Mittags begannen meine Eltern sich zu streiten.

Am Berg war Nebel aufgezogen. Ich ging in den Keller und holte meine Ski.

Ich war eine der Letzten, die mit dem Lift nach oben

fuhren. Der Liftwart, der mich kannte, schüttelte den Kopf.

Wenn der Nebel dicht ist und Neuschnee fällt, so dass die Skifahrer kaum mehr ihre Skier sehen, geschweige denn die farbigen Pfähle, die die Piste begrenzen, kann es passieren, dass einem schwindelig wird, während man in der fast geräuschlosen Umgebung zu schweben scheint, statt zu fahren.

Mir wurde schwindelig. Ich glitt durch die Welt aus Watte, wusste nicht, ob ich stand oder fuhr, fühlte mich seekrank und verlor, obwohl ich das Skigebiet kannte und der Schneefall aufgehört hatte, die Orientierung. Ich kam von der Piste ab.

Bei dichtem Nebel ist die Sicht zwischen den Bäumen am besten. Die Wolken, die sich am Berg gebildet haben, sinken im Wald nicht bis zum Boden. Ich fuhr zwischen die Tannen. Ich konnte schwer einschätzen, wo ich war und wohin ich käme, wenn ich weiterfahren würde. Umkehren wollte ich nicht.

Ich wusste, dass niemand, egal wie gut er Ski fahren kann, bei solch einem Wetter allein aufbricht. Ich war nicht froh oder stolz, es dennoch getan zu haben. Aber ich war so ruhig wie seit meiner Ankunft nicht mehr.

Die Tannen glichen schwarzen Riesen. Der Nebel wirkte feierlich. Der Wald war verwunschen. Ich fuhr bis an den Rand einer Klamm. Ich hätte auf- oder absteigen müssen. Ich setzte mich in den Schnee.

Die von den Ästen zerrissene Wolke bildete leichte weiße Schwaden, die zwischen den Tannen stiegen und fielen. Ich fühlte mich schwach vom vergangenen Fieber. Am Rand der Schlucht hingen Moos und Wurzeln. Am Fuß der Klamm war der Bach bis auf den Grund gefroren. Kein Wasserplätschern. Kein Geräusch. Wenn ich rief, kein Echo.

Immer war ich mir vorgekommen wie eine beinahe erwachsene Tochter. Obwohl ich im Frühjahr erst zwölf werden würde. Immer hatten mich meine Eltern wie ihresgleichen behandelt.

Das Eis an den Ufern des Baches, den Steinen, den Moosen und den Wasserfällen, die Eisfälle geworden waren, funkelte, als gehörte der Bach, die Schlucht, der Tannenwald zu einem vergessenen Märchen.

Vielleicht war ich eingenickt, vielleicht nur in Gedanken – »Hallo!«, sagte Sylvia Mikolewitsch, »fahr in keine Tanne.«

Sie lachte. Sie sagte: »Entschuldigung. War nur ein Scherz, ein dummer Scherz.« Sie sagte: »Deine Wangen sind blau. Wie lange hockst du schon hier am Abgrund?«

Sie sagte: »Ich bin in den Wald gefahren, weil man dort besser sieht. Wir müssen nach oben. Ich bin einer Spur gefolgt. Deiner Spur. Konnte ich nicht wissen.«

Sie sagte: »Es sieht schön hier aus. Sogar bei Sonne sähe es schön aus. Dein Sprung war übrigens grandios.«

Sie plapperte und plapperte, als wäre sie der aufgetaute Wasserfall, der unterm Eis verstummt war.

Sie schnallte ihre Skier ab. Zwei Meter. Trotz der dichten Tannen. Kein Carving, sondern Skistöcke. Stil, würde mein Vater das nennen.

»Steh auf«, sagte Sylvia Mikolewitsch. »Schnall erst die Ski ab. Ich helf dir.«

Ich musterte sie wie eine Fee. Oder wie den Engel aus meinem Adventskalender, der vielleicht doch keine Hexe wie bei Hänsel und Gretel gewesen war.

Als wir aus dem Wald heraus und zurück auf die Piste fuhren und der Nebel ein wenig aufriss, fragte ich Sylvia Mikolewitsch, wie es meinen Eltern ginge.

Erst sah sie auf ihre Skispitzen.

Dann sah sie mir ins Gesicht.

Dann sagte sie: »Ich glaube, die Trennung deiner Eltern wird die Probezeit leider bestehen.«

Ich war aufs Gymnasium gekommen. Ich wusste, was eine Probezeit war. Ich hielt Sylvia Mikolewitschs Blick ohne Sonnenbrille stand. Wir lächelten schief. Dann lachten wir beide.

Ich fragte: »Was sind Sie von Beruf? Sängerin? Oder Schauspielerin?«

Sie sagte: »Sportlehrerin.« Sie sagte: »Ich werd euch zu Hause besuchen. Aber nicht sofort.«

Sylvia Mikolewitsch stand so dicht neben mir, dass ich die Wärme ihres Körpers durch unsere Schneeanzüge spürte. Erst wollte ich ein Stück abrücken. Aber ich blieb stehen.

Ich dachte an die Fetzen meines Adventskalenders, die ich unter meine Matratze geschoben hatte.

Vielleicht gab es neben Maria und Joseph an der Krippe noch eine Figur im Hintergrund, ein Mädchen. Und vielleicht saß in der Kutsche am zweiundzwanzigsten kein Mädchen, sondern eine Frau, die im Flugzeug gekommen war.

Wir standen am Rand des Waldes und durch den Riss im Nebel sahen wir den Himmel, die schneebedeckten Berge und das kaum gelbe Licht. Ich setzte meine Sonnenbrille auf.

Wir fuhren in parallelen Schwüngen den Hang zur Hütte hinunter.

22.

Klaus Kordon

Zwei Tage vor Heiligabend

Nachdem Vroni das Geschirr abgewaschen und Benny abgetrocknet hat, ist es Zeit, mit Zar Peter Gassi zu gehen. Wie meistens, macht Benny sich fertig. Zar Peter gehört ihm, er hat ihn geschenkt bekommen, als er noch klein war. Damals war Zar Peter auch noch ganz klein, aber der Vater wusste, dass er eines Tages ein großer Hund sein würde. Deshalb nannte er ihn Zar Peter. Es gab einmal einen russischen Zaren – eine Art Kaiser –, der hieß Peter und war sehr groß.

Geht Benny mit Zar Peter Gassi, gehen sie immer den gleichen Weg. Hunde lieben es, gleiche Wege zu gehen. Gehen sie neue Wege, schnüffeln sie endlos lange herum. Bei Zar Peter ist das besonders schlimm; er sieht ja kaum etwas, weil er ein ungarischer Hirtenhund ist und ihm die Zotteln bis über die Augen hängen. Ginge es nach Zar Peter, dürfte das Gassigehen zwei Stunden dauern.

Der Weg, den Benny und Zar Peter gehen, führt über die »Wüste« – dort erledigt Zar Peter seine Geschäfte – und um das Haus herum, geradewegs zu Herrn Babuschkes Zeitungskiosk.

Benny freut sich schon auf die Unterhaltung mit dem alten Zeitungsverkäufer. Er wird Herrn Babuschke von der Schule erzählen und Herr Babuschke wird über das berichten, was in den Zeitungen steht. Otto Babuschke verkauft ja nicht nur Zeitungen, er liest sie auch.

Unterhalten sich Benny und der Herr Babuschke, kratzt Zar Peter an der kleinen Holztür des Kiosks, bis Herr Babuschke öffnet. Unter Herrn Babuschkes Stuhl liegt eine

Decke und auf der Decke liegt der Schorschel, Herrn Babuschkes Dackel. Zar Peter steckt seinen Kopf in die Tür und schnüffelt so lange an dem schon sehr alten Schorschel herum, bis der ihm ungnädig die Zähne zeigt. Aber in Wahrheit verstehen sich die beiden Hunde sehr gut. Deshalb zieht Zar Peter jetzt auch an der Leine. Er will so schnell wie möglich zum Schorschel kommen.

Doch an diesem Tag hat der Kiosk geschlossen. Einen Augenblick lang stehen Benny und Zar Peter ratlos herum, dann gehen sie weiter. Sie bummeln durch die festlich geschmückten Straßen, gucken in die mit bunten Kugeln und Lichtern versehenen Auslagen der Geschäfte und bleiben schließlich vor dem Spielwarengeschäft stehen.

Da fährt sie wieder, die kleine Lokomotive mit den drei Waggons. Sie fährt durch eine Bergwelt und bleibt auf dem Bahnhof Neustadt stehen. Dann dreht sie weiter ihre Runden.

Benny denkt an seine drei Weihnachtswünsche. Eine Lokomotive ist nicht darunter. Für so große Wünsche haben die Eltern kein Geld, nachdem sie erst den teuren Umzug bezahlen mussten. Aber auf das, was er sich gewünscht hat, freut er sich auch: einen großen Kasten mit Spielen wie »Mensch ärgere dich nicht«, »Halma« und »Domino«, einen Kasten mit zusammensetzbaren Bausteinen und dazu ein Buch oder zwei. Und natürlich einen riesigen bunten Teller; aber den musste er sich nicht extra wünschen, den bekommt er sowieso.

Am Tag danach stehen Benny und Zar Peter erneut vor dem verschlossenen Kiosk. Diesmal klebt ein Zettel an dem Schiebefenster: Wegen Trauerfall geschlossen.

Trauerfall? Soviel Benny weiß, hat Herr Babuschke keine Verwandten, keine Frau, keine Kinder, keinen Bruder, keine Schwester. Wer soll da gestorben sein? Etwa der Herr Babuschke selber?

Benny bekommt eine so große Angst, dass er genau wissen will, wer da gestorben ist. Und so macht er sich gleich auf den Weg zu Herrn Babuschkes kleinem Holzhaus.

Früher standen mehrere kleine Häuschen rechts und links des Weges, den Benny geht. Er weiß das von Herrn Babuschke. Jetzt stehen überall Häuser, die genauso aussehen wie das, in dem Benny wohnt – alles viereckige hohe Kästen.

Dann aber hat Benny die schmale Straße mit den vielen kleinen Häusern erreicht. Im Sommer, als alles grün und voller Blumen war, sah es sehr schön aus in dieser Straße. Jetzt ist alles grau und schwarz, und die Zäune glänzen vor Nässe.

Im Sommer und im Herbst, als die Erdbeeren und Kirschen, die Äpfel und Birnen geerntet wurden, war Benny oft bei Herrn Babuschke. Da konnte er gar nicht schnell genug die Gartentür mit dem halb verrosteten Schild »Otto Babuschke« finden. Jetzt geht er langsam und ist froh, dass Zar Peter bei ihm ist und er diesen Weg nicht allein gehen muss. Fast vorsichtig nähert er sich dem kleinen Garten mit dem Holzhaus und dem Schuppen, an dessen Wänden Holzscheite hochgestapelt sind.

Die Gartentür quietscht in den Angeln, aber sie lässt sich öffnen. Ein wenig atmet Benny auf: Wenn die Tür nicht abgeschlossen ist, ist Herr Babuschke im Haus. Dann ist also nicht er der Trauerfall.

Vor der Tür des kleinen Holzhauses bleibt Benny stehen und klopft. Er klopft noch einmal, lauter, und dann noch einmal, aber nichts rührt sich. Kein Herr Babuschke schlurft durch den altmodisch eingerichteten Raum hinter der Tür, kein Schorschel schlägt an.

»Herr Babuschke!«, ruft Benny noch mal laut, dann gibt er es auf. Es könnte sein, dass Herr Babuschke ihn nicht hört, weil er vielleicht gerade schläft, der Schorschel aber würde ihn bestimmt hören.

Gerade wollen Benny und Zar Peter den kleinen Garten wieder verlassen, da kommt Herr Babuschke durch das Gartentor. Er trägt eine kleine Holzkiste unter dem Arm und ist so in Gedanken versunken, dass er Benny und sogar den nicht zu übersehenden Zar Peter übersieht.

»Herr Babuschke!«, ruft Benny, erschrocken über die tiefe Traurigkeit im Gesicht des alten Mannes.

»Ach, ihr seid es!« Herr Babuschke erwacht aus seinen Gedanken.

Dann geht er mit der Kiste in sein Häuschen und bittet Benny, mit Zar Peter draußen zu warten. Als Benny den Mund aufmacht, schüttelt er den Kopf: »Nicht fragen.«

Benny setzt sich auf die Bank unter dem kahlen Apfelbaum, Zar Peter setzt sich vor ihm auf die Hinterpfoten.

In dem Häuschen rumort es und dann ertönt Gehämmer: Die Kiste wird zugenagelt.

»Was meinst du?«, fragt Herr Babuschke Benny, als er mit der kleinen Kiste unter dem Arm wieder auftaucht. »Wo ist der schönste Platz?« Und er sieht Benny dabei so traurig an, dass der sofort weiß: In der Kiste ist der Schorschel!

So erschrocken Benny auch ist, sofort deutet er auf das Stück Rasen, auf dem der Schorschel im Sommer immer lag und sich die Sonne auf den Pelz scheinen ließ.

Herr Babuschke stellt die Kiste ab und holt einen Spaten. Zar Peter schnüffelt an der Kiste herum, dann kommt er zu Benny zurück, lässt sich neben ihm nieder und fiept leise.

»Er war alt«, erklärt Herr Babuschke beim Graben. »Umgerechnet auf Menschenjahre wäre er sogar noch älter als ich gewesen.«

Benny nickt. Eines Tages wird auch Zar Peter sterben, weil er zu alt geworden ist. Er selbst wird dann noch nicht einmal erwachsen sein. Er ist auch gar nicht traurig, weil der Schorschel, der sich kaum noch rühren konnte, gestorben ist. Er ist traurig, weil der Herr Babuschke nun ganz allein ist. Und das zwei Tage vor Heiligabend.

»Kaufen Sie sich einen neuen Hund?«, fragt Benny den alten Mann.

Herr Babuschke stellt die Kiste in das Loch, das er gegraben hat, schiebt Erde darüber und tritt sie fest. Dann überlegt er ein Weilchen und schüttelt schließlich den Kopf: »Das geht nicht. Ich bin nicht mehr der Jüngste, eines Tages würde ich ihn allein lassen müssen, wie der Schorschel mich allein gelassen hat.«

»Und was machen Sie zu Weihnachten?«, fragt Benny weiter.

»Was soll ich tun?«, fragt Herr Babuschke zurück. »Ich gehe früh schlafen, wie an allen Abenden.«

Benny nickt. Aber dann fällt ihm ein, dass das nicht stimmen kann. Die Mutter hat mal gesagt, alte Menschen würden nicht mehr so viel Schlaf brauchen.

»Kommen Sie doch zu uns«, schlägt er vor. »Feiern Sie mit uns Weihnachten.«

Herr Babuschke stützt die Hände auf dem Spatengriff und sieht Benny verwundert an: »Zu euch? Aber das geht doch nicht.«

»Warum denn nicht?«

»Weil . . .« Herr Babuschke bricht ab: »Nein, nein! Das geht nicht.« Dann schiebt er noch ein bisschen Erde über die Kiste, tritt auch die fest, nimmt den herausgehobenen Rasen und passt ihn wieder ein.

»Aber warum geht das denn nicht?« Benny kann sehr dickköpfig sein, wenn er will. Er sieht nicht ein, dass Herr Babuschke ganz allein in seinem Häuschen sitzen muss, während die Eltern, Vroni und er Weihnachten feiern. Und als der Herr Babuschke nicht antwortet, sagt Benny: »Ich gehe nicht fort, wenn Sie mir nicht versprechen, Heiligabend zu uns zu kommen.«

Da lacht der Herr Babuschke: »Na gut! Ich komme.«

»Ehrlich?«

»Ehrlich.«

Benny zweifelt noch ein bisschen, aber da es nun höchste Zeit ist, nach Hause zurückzukehren, fragt er nicht weiter. Er sagt nur noch. »Bescherung ist um fünf Uhr«, dann geht er.

Auf dem Rückweg denkt Benny nach. Was werden die Eltern sagen, wenn sie erfahren, dass er Herrn Babuschke eingeladen hat?

Dem Vater ist das sicher nicht recht. Wenn der Vater nicht arbeitet, will er seine Ruhe haben. Arbeit macht müde, sagt er oft, und die Feiertage sind dazu da, dass man sich erholt. Als Busfahrer sehe er sowieso täglich viel zu viele Leute ...

Und Zar Peter trottet auch nur ziemlich trübsinnig einher. Schaut er zu Benny hoch, blinzelt er durch seine Zotteln, als wollte er sagen: »Heute ist kein schöner Tag, was?« Aber Hunde können nicht denken, also können sie auch nicht fragen – nicht einmal nur mit den Augen und obwohl es manchmal so aussieht.

Der Vater hat schlechte Laune. Ein Kollege ist erkrankt, nun muss er doch am 1. Weihnachtsfeiertag zum Dienst. »Erst wollten sie mir den Heiligabend anhängen«, schimpft er, »aber dann haben sie es geändert. Weil ich Kinder habe!«

»Na, siehst du!« Vroni lacht. »Und da sagst du immer, wir sind zu nichts nutze.«

Benny sitzt nur stumm herum. Er hat von der Einladung noch nichts erzählt. Dass der Vater ausgerechnet heute so schlechte Laune haben muss! Er seufzt leise. Manchmal läuft einfach alles falsch.

Beim Abendbrot bessert sich Vaters Laune. Es gibt Hackepeter-Brote, sein Lieblingsgericht. Er haut rein, trinkt ein Bier und einen Schnaps dazu und isst und spült so seinen Ärger fort.

Endlich wagt Benny mit der Sprache herauszurücken. Er beginnt vorsichtig, erzählt erst einmal nur vom Schorschel und von der Einsamkeit des alten Zeitungsverkäufers.

»Ja, es ist schlimm, wenn man alt wird und ganz allein ist«, sagt die Mutter und reibt sich die Stirn. In ihrem Kopf summt es mal wieder, wie immer, wenn sie sehr müde ist.

Der Vater gießt sich noch einen Schnaps ein, wird immer lustiger und erklärt: »Wer nicht alt werden will, muss jung sterben.«

Da sagt Benny das von der Einladung, sagt es und zieht den Kopf ein.

Es ist auf einmal ganz still in der Küche. Der Vater nimmt das Schnapsglas, kippt den Schnaps in seinen Mund, schluckt ihn herunter und fragt: »Du hast diesen Alten ... Du hast den alten Herrn Babuschke für den Heiligabend zu uns eingeladen?«

Benny blickt auf seinen Teller, als sei der ein Fernsehschirm, und nickt stumm. Die Tränen steigen ihm in die Augen, und er weiß nicht einmal, warum.

»Na, das ist doch wohl ...!« Der Vater sieht die Mutter an. Er weiß nicht, was er sagen soll. Dann fragt er: »Denkst du, mir tut der alte Herr nicht Leid?« Und als keine Antwort kommt, fährt er fort: »Aber Weihnachten ist ja schließlich ein Familienfest, da kann man doch nicht alle und jeden einladen.«

»Herr Babuschke ist nicht alle und jeder«, sagt Vroni. Und dann: »Mich stört er nicht. Wenn er doch so allein ist.«

Nun ist Vaters gute Laune endgültig wie weggeblasen. Er lässt seinem Ärger freien Lauf: »Schöne Weihnachten! Am 1. Feiertag Dienst und am Heiligabend fremde Leute im Haus.«

Benny hebt den Kopf. Die Tränen laufen ihm übers Gesicht. »Herr Babuschke ist doch kein Fremder«, sagt er. »Es ist nicht schön, wie du von ihm sprichst.«

Zar Peter, der unter der Küchenbank liegt, spitzt die Ohren. Irgendetwas an Bennys Stimme lässt ihn aufhorchen. Sofort kommt er unter der Bank hervor und legt den Kopf auf Bennys Knie.

Aus Versehen und weil er so in Gedanken ist, streichelt Benny Zar Peters Kopf. Das ärgert den Vater noch mehr. »Lass den Hund in Ruhe«, sagt er. »Noch sitzt du beim Abendbrot!«

Dann steckt er sich eine Zigarette an und guckt wieder etwas milder. »Natürlich ist Herr Babuschke kein Fremder, aber er ist auch kein Verwandter.«

Die Mutter hat bisher noch nichts zu der Einladung gesagt, doch die Kinder sehen ihr an, dass sie mit Vaters Worten nicht einverstanden ist. Das macht Vroni Mut. »Wir stammen alle von Adam und Eva ab«, sagt sie. »Also sind wir auch alle irgendwie miteinander verwandt.«

Einen Augenblick lang weiß der Vater nicht, was er darauf erwidern soll. Benny, der Schwester dankbar für die Hilfe, nutzt das gleich aus. »Dann kaufen wir eben dieses Jahr keinen Tannenbaum«, schlägt er vor, »und besorgen für das Geld Herrn Babuschke ein Geschenk und was zu essen.« Wenn er auch gern einen Tannenbaum hätte, Herr Babuschke ist ihm wichtiger.

Der Vater guckt, als hätte Benny gesagt, sie sollten Weihnachten auf dem Mond feiern. Dann schüttelt er heftig den Kopf: »Mir geht's doch nicht ums Geld!« Er gibt sich immer noch zornig, seine Augen jedoch verraten: Er ist unsicher geworden.

»Und um was geht's dann?«, fragt Vroni scheinheilig. Ihr machen solche Gespräche Spaß.

»Um die Gemütlichkeit«, antwortet der Vater da. »Ihr

wisst doch: Mutter hat zu tun, muss braten und backen und die bunten Teller zurechtmachen. Da stört ein Frem ... ein Gast nur.«

Endlich macht auch die Mutter den Mund auf. Sie spricht sehr leise und sehr deutlich. »Mich stört der Herr Babuschke nicht«, sagt sie. »Außerdem könntest du mir ja helfen, wenn es nur darum geht, dass ich nicht so viel zu tun habe.«

Da starrt der Vater die Mutter an, als habe sie etwas ganz Schlimmes gesagt, drückt seine Zigarette aus, steht auf und schlägt die Tür hinter sich zu.

Eine Zeit lang ist es wieder sehr still in der Küche, dann muss die Mutter auf einmal lachen. »Wenn euer lieber Vater die Tür hinter sich zuschlägt, ist er immer kurz vor dem Aufgeben. Also darf Herr Babuschke ruhig kommen.« Und sie fährt Benny zärtlich übers Haar und sagt: »Das hast du toll gemacht. Hätte ich den Herrn Babuschke getroffen, hätte ich ihn bestimmt auch eingeladen.«

Die Mutter behält Recht. Als Benny an diesem Abend im Bett liegt, kommt der Vater, setzt sich zu ihm, guckt erst eine Weile verlegen im Zimmer herum und fragt schließlich: »Wie alt ist er denn eigentlich gewesen, der Schorschel?«

Das weiß Benny nicht ganz genau. Er weiß nur, dass der Schorschel schon sehr alt war.

»Und der Herr Babuschke ist auch schon ziemlich alt, oder?«

Ja, der Herr Babuschke ist auch schon sehr alt. Deshalb will er sich ja auch keinen neuen Hund mehr kaufen. Benny sagt das und schweigt dann wieder.

Da nickt der Vater schließlich und krault Zar Peter, der wie immer vor Bennys Bett liegt, hinter den Ohren, als wollte er sich auch bei ihm entschuldigen. »Es ist schön, dass der Herr Babuschke übermorgen nicht ganz allein ist.« Und dann überlegt er noch einen Moment und sagt: »Kannst ihn ja mal fragen, ob er Schach spielt.«

Benny will das gleich am nächsten Morgen tun. Eines aber weiß er nun sicher: Ganz egal, ob der Herr Babuschke Schach spielt oder nicht, der Heiligabend wird auch ohne den Schorschel für ihn sehr schön.

23.

Marjaleena Lembcke

Als ich Tamarin bekam

»Und was soll ich schreiben?«, fragte ich.

»Was dir gerade einfällt«, antwortete meine Mutter.

»Und wenn mir nichts einfällt?«

»Dir fällt schon etwas ein. Du musst ja nicht einen Roman schreiben.«

»Soll ich einfach schreiben: ›Fröhliche Weihnachten‹?«

»Jaa, aber es wäre auch schön, wenn du wenigstens einen persönlichen Satz hinzufügen würdest!«, sagte meine Mutter.

»Was für einen persönlichen Satz?«

»Schreib, dass du deine Mutter nervst, oder schreib, dass deine Mutter dich nervt oder dass du dir einen Affen zu Weihnachten wünschst, ihn aber nicht bekommst – ich weiß doch nicht, was für dich so wichtig ist, dass du es anderen mitteilen möchtest!«

Damit war das Gespräch beendet.

Meine Mutter murmelte laut vor sich hin: »Zweihundert Gramm Butter, zweihundert Gramm Zucker, zweihundert Gramm Mehl, mein Gott, das ist ja ein simpler Mürbeteig, ohne Gewürze, wie der wohl schmecken soll.«

Sie war dabei, wieder einen neuen Teig zu kneten. Die Küche, das Wohnzimmer und das ganze Haus dufteten bereits nach Plätzchen, nach Zimtsternen, Orangentalern, nach Kardamomküchlein und wie sie alle hießen. Wir, mein Vater und ich, aßen nicht viel Plätzchen. Meine Mutter aß sie gern, aber solche Mengen, wie sie backte, konnte auch sie nicht essen. Die meisten Plätzchen ver-

schickte sie an all die Leute, die selbst nicht backen konnten, nicht wollten oder keine Zeit dazu hatten.

Vor Weihnachten suchte meine Mutter immer nach
neuen ungewöhnlichen Plätzchenrezepten und ich blätterte alle Prospekte durch, die im Dezember im Briefkasten
lagen, in der Hoffnung, es wäre etwas Tolles dabei, was ich
mir wünschen konnte. Es wurde eine Menge aufregender
Spielsachen angeboten, aber ich wünschte mir etwas, das
in keinem Prospekt stand. Einen Affen. Einen Hamster haben viele, ein Meerschweinchen fast jedes Kind. Einige
meiner Freunde haben sogar eine Katze oder einen Hund.
Kein Kind, das ich kannte, hatte einen Affen. Aber ich
kenne einen Jungen, der Affen sehr gern mag. Und ich
habe den Jungen gern. Er heißt Julian. Ich stelle mir vor,
wie ich mit meinem Affen am ersten Schultag in der
Schule erscheine. Julian wird staunen, mich bewundern
und mich vielleicht auch ein bisschen beneiden. Und er
wird mich bestimmt sofort besuchen wollen, um meinen
Affen zu sehen und mit ihm zu spielen.

Aber noch war nicht Weihnachten. Erst musste ich Weihnachtskarten schreiben. Wie jedes Jahr, seit ich schreiben
konnte. Also seit zwei Jahren. »Na, wie geht es voran?«,
fragte meine Mutter. Sie leckte Teigreste von den Fingern
und sah mir über die Schulter.

»Warum schreibt man überhaupt Weihnachtskarten?«,
fragte ich.

»Weil sich die Menschen freuen, wenn man an sie gedacht hat«, sagte sie. »Das ist für einige sogar eine große
Freude!«

»Woher weißt du das?«, fragte ich.

»Weil wir auch Weihnachtskarten bekommen!«

»Und wie groß ist deine Freude?«

»Faustgroß!«, sagte meine Mutter und lachte.

»Wieso faustgroß?«

»Weil das Herz angeblich so groß ist wie eine Faust.«

»Dann ist mein Herz kleiner als dein Herz, weil ich nur eine kleine Faust habe.«

»Aber da du auch kleiner bist, ist es im Verhältnis zu deinem Körper groß genug. Groß genug für die Freude.«

Julian hatte größere Fäuste als ich. Dann war sein Herz also auch größer. Ich überlegte, ob sich Julian über eine Weihnachtskarte freuen würde.

»Es ist aber nicht sicher, dass sich alle über Weihnachtskarten freuen, es kann sein, dass einige gar keine Weihnachtskarten mögen«, sagte ich.

»Ich mach dir einen Vorschlag! Du schreibst erst an deine Tanten und Onkel und fragst sie, ob sie sich und wie sehr sie sich über eine Weihnachtskarte freuen würden. Und wenn dir die Freude groß genug erscheint, schreibst du ihnen tatsächlich eine.«

»Dann müsste ich ja zweimal schreiben«, sagte ich und machte mich wieder an die Arbeit. An drei Tanten musste ich schreiben, an fünf Onkel, an eine Großmutter und an einen Großvater, an eine Großtante und ich schrieb auch noch an meine Mutter und an meinen Vater eine Karte zu Weihnachten.

Aber die schrieb ich erst am Heiligabend. Die Karten brauchte ich ja nicht wegzuschicken. Sie kamen unter den Weihnachtsbaum.

Falls es dieses Jahr einen Baum gab.

Meine Mutter war dagegen, mein Vater war dagegen. Ich war dafür.

Julian hatte einen Tannenbaum zu Weihnachten. Alle Kinder in meiner Klasse hatten einen Tannenbaum.

Das hatte ich meinen Eltern auch gesagt, aber sie meinten, das sei noch lange kein Argument. Und mein Vater meinte, es wäre unlogisch, sich einen Affen zu wünschen, weil sonst niemand einen Affen hat, andererseits aber auf einen Tannenbaum zu bestehen, weil alle einen haben.

Meine Mutter fand Weymouthkiefernzweige in einer Vase genauso schön und mein Vater war sogar der Meinung, sie wären viel schöner als ein Baum.

»Aber einen Weihnachtsbaum hat man, weil es zu Weihnachten gehört, Kiefernzweige sagen einem gar nichts darüber, dass Weihnachten ist.«

»Sehr gesprächig sind die Tannen auch nicht«, sagte mein Vater und lachte.

»Ich habe in der Schule was Schönes für euch gebastelt«, sagte ich.

»Darauf bin ich sehr gespannt«, sagte meine Mutter.

»Ich glaube, ich ahne schon, was es ist«, sagte mein Vater.

»Was denn?«, fragte ich.

»Ein Strohstern! Und ein Strohstern sieht auch an Kiefernzweigen sehr schön aus, dafür brauchen wir keinen Tannenbaum.«

Aber es war kein Strohstern. Strohsterne hatten wir in der ersten Klasse gebastelt. Diesmal war es eine Krippe aus Flumi. Meine Krippe war sehr schön geworden, auch wenn nicht ganz so schön wie Julians Krippe. Julian ist sehr geschickt mit seinen Händen, sagt unsere Lehrerin. Julian konnte alles gut, schwimmen und lesen und basteln. Alles. Und er war auch der größte Junge in der Klasse. Fast einen Kopf größer als ich.

Vater kam jetzt häufig mit Tüten nach Hause, die nicht in der Küche ausgepackt wurden, sondern in einem Schrank oder in einer Ecke des Schlafzimmers meiner Eltern verschwanden. Ich schwor natürlich, dass ich nicht in die Schränke und schon gar nicht in die Tüten gucken würde, und wartete sehnsüchtig auf die Gelegenheit, doch wenigstens einmal einen Blick hineinzuwerfen.

Meine Wunschzettel waren immer lang. Ich wusste natürlich, dass ich nicht alles bekommen würde, was ich aufgeschrieben hatte. Aber einige meiner Wünsche würden erfüllt werden, meistens bekam ich die Geschenke, von denen meine Eltern wussten, dass sie für mich wichtig waren.

Ob sie meinen Affenwunsch wichtig genug nahmen, wusste ich nicht. Darum redete ich sehr oft über den Affen. Als ich das erste Mal erwähnte, ich wünschte mir einen kleinen lebenden Affen zu Weihnachten, nahmen sie mich nicht ernst.

»Na wunderbar! Ich könnte deiner Mutter ein Krokodil schenken. Und ich habe schon als kleiner Junge von einem Tiger geträumt. So hätten wir fast einen Zoo zusammen«, sagte mein Vater.

»Es gibt keine Tiger, die klein bleiben, aber kleine Affen gibt es«, sagte ich.

Am liebsten mochte Julian die Gorillas, aber sie wurden zu groß. Ein Eichhörnchenaffe sah aber auch sehr süß aus und sie waren nur dreißig Zentimeter groß. Ein Kaisertamarin wäre auch toll. Kaisertamarine hatten lange Barthaare und sahen fast wie ein Kater aus. Die Tamarine gefielen auch Julian gut. Es gab viele Arten von Affen, und weil Julian Affen mochte, fing ich auch an sie zu mögen. Aber eigentlich war mein Lieblingstier der Elefant.

Meine Weihnachtskarten waren geschrieben und abgeschickt worden. Die Weihnachtspakete meiner Eltern waren fertig und unterwegs zu Freunden und Verwandten. Jeden Tag brachte der Postbote auch uns Weihnachtsgrüße. Die Pakete wurden nicht aufgemacht, die Weihnachtsbriefe noch nicht gelesen. Das machten wir erst am Heiligabend. Wir hatten auch immer noch keinen Baum. Aber wir hatten auch noch keine Weymouthkiefernzweige.

Eine Woche vor Weihnachten sagte mein Vater zu mir: »Zieh dich warm an, wir wollen uns auf den Weg machen, um einen schönen Baum zu suchen.«

»Einen Tannenbaum?«

»Ja, einen richtigen Tannenbaum«, sagte er.

»Aber ich dachte, wir wollten keinen?«

»Wir wollten auch keinen! Aber du wolltest einen. Und du hast das Glück, inkonsequente Eltern zu haben«, sagte er.

»Was heißt ›inkonsequent‹?«, fragte ich.

»Das heißt in diesem Fall, dass du Eltern hast, die bereit sind, für ein paar leuchtende Weihnachtsaugen alles zu tun!«, sagte meine Mutter.

Ich lächelte glücklich. Ich war mir des Affen sicher.

Einen Tag vor dem Heiligabend telefonierte ich mit Julian. Wir redeten über die Geschenke. Was er sich gewünscht hatte, was ich mir gewünscht hatte und was er zu bekommen glaubte, und ich sagte dazu: »Ich bekomme einen Affen!«

»Waaas!«, rief er. »Das glaubst du doch wohl allein.«

»Ich bin ziemlich sicher, dass ich einen bekomme, weil meine Eltern so inko ... noch was sind.«

»Was sind sie?«, fragte er.

»Ich weiß jetzt nicht, wie das Wort heißt, aber es bedeutet, dass sie alles für mich tun.«

»Wenn sie dir einen Affen kaufen, sind sie bescheuert«, sagte Julian.

»Wieso?«, fragte ich. »Ich dachte, du magst Affen.«

»Aber nur im Tierlexikon und im Zoo. Zu Hause sind Affen bescheuert, weil sie das ganze Haus vollkacken und die Gardinen herunterreißen und mit Bananenschalen um sich werfen, und überhaupt gehören richtige Affen in den Zoo und nicht in eine Wohnung.«

Ich schluckte. Ich wollte Julian noch sagen, dass Affen ja wohl nicht in den Zoo gehörten, sondern in den Urwald und in den Dschungel, aber ich hatte gar keine Lust, irgendetwas zu sagen, weil ich plötzlich so ein komisches Gefühl bekam, als ob mein Affenwunsch keine so gute

Idee gewesen sei. Auf jeden Fall nicht, wenn Julian dann meine Eltern und vielleicht auch mich für bescheuert hielt.

Aber wie sollte ich das meinen Eltern sagen. Jetzt. Sie hatten bestimmt den Affen schon gekauft, und er war bestimmt teuer gewesen, und sie freuten sich schon riesig darauf, wie riesig ich mich über den Affen freuen würde. Meine Weihnachtsstimmung war ziemlich schlapp, als ich mit meinem Vater den Tannenbaum schmückte. Er pfiff zu der Musik, die aus dem Radio klang. Meine Mutter summte eine andere Melodie. Als Vater und ich mit dem Baum fertig waren, trug sie die bunten Päckchen aus dem Schlafzimmer und legte sie in drei verschiedenen Häufchen unter den Tannenbaum.

Wo war der Affe?

Na ja, den konnte man natürlich nicht einpacken.

Wir aßen Rinderfilet mit Kroketten und Salat. Die Kerzen brannten.

»Ich muss mal nach oben«, sagte ich.

»Aber nicht ins Schlafzimmer!«, sagte meine Mutter. »Da ist noch was ... da ist noch ein Geheimnis. Eine halbe Stunde wirst du ja noch warten können.

»Klar«, sagte ich und setzte mich wieder. Was sollte ich auch oben. Ich wusste ja Bescheid. Wo würde der Affe wohl schlafen? Und wenn er wirklich ins Bett kackte? Hatten Affen auch Flöhe? Ich stellte mir vor, wie Julian sagt: ›Waas, ich soll zu dir kommen! Bist du bescheuert! Ich hole mir doch keine Flöhe ab.‹ Ich seufzte. Können Affen einen wohl trösten, wenn man traurig ist?

Nach dem Essen lasen wir die Weihnachtspost. Immer abwechselnd, eine Karte las Mutter, die nächste Vater und dann ich. Für mich suchten sie die Karten aus, die leicht zu lesen waren. Die Karten, auf denen nicht viel mehr als nur »Fröhliche Weihnachten« und der Name des Absenders stand.

Einige hatten doppelseitige Karten voll geschrieben und

die Briefe zu lesen dauerte natürlich noch länger. Ich schielte auf die Weihnachtspäckchen, aber irgendwie hatte ich keine Lust zu erfahren, was alles in ihnen drin war. Ich wartete nur ängstlich auf das eine Geschenk.

»Jetzt wollen wir dich aber nicht mehr quälen«, sagte Mutter. »Die Geheimnisse dürfen gelüftet werden.«

Zusammen setzten wir uns vor den Baum und ich nahm eins der Päckchen in die Hand und öffnete es, ohne es vorher zu schütteln oder zu betasten. Ich sah ja sofort, dass es ein Buch war. Es war ein Buch über Affen!

»Wir haben gedacht...«, fing mein Vater an und sah dabei meine Mutter an.

»Wir dachten, das wird dich bestimmt interessieren. In dem Buch ist viel Wissenswertes über die Affen. Über ihre Lebensräume, ihre Gewohnheiten, Besonderheiten und was sie brauchen, um ein gutes Leben zu führen.«

»Danke!«, sagte ich leise. »Und wo ist der Affe?«

»Ich will ihn holen«, sagte mein Vater.

»Jetzt bin ich aber gespannt«, sagte meine Mutter und strich mir über die Haare.

»Ist doch nicht mehr spannend«, sagte ich.

Mein Vater legte den mit einem Tuch zugedeckten Korb auf meinen Schoß. Du musst gleich glücklich aussehen, dachte ich. Du hast dir den Affen gewünscht. Und da hörte ich ein Miauen. Ich riss das Tuch runter. In dem Korb war ein Kätzchen. Ein schwarzes mit weißen Pfötchen und es sah ganz süß aus, und ich nahm es aus dem Katzenkorb ganz vorsichtig heraus, und es war weich und kuschelig. Ich streichelte es sehr vorsichtig, damit es nicht Angst bekam. Es kannte mich ja noch nicht.

Meine Eltern sahen mich an und ich sah sie an. Ich glaube, meine Augen leuchteten sehr, als ich Danke sagte.

Mein Vater sagte: »Du bist also nicht enttäuscht?«

Und meine Mutter sagte: »Du weißt ja, wir sind immer bereit, dir jeden Wunsch zu erfüllen, aber ein Affe?«

»Affen gehören sowieso in den Zoo!«, sagte ich schnell. Meine Eltern lachten und ich lachte und sie haben sich sehr über meine Krippe gefreut und sie bewundert. Und wir waren alle glücklich.

Am nächsten Tag rief mich Julian an. »Na, hast du einen Affen bekommen?«, fragte er.

»Bist du bescheuert!«, sagte ich. »Meine Eltern sind doch nicht so inko . . .!«

»Was? Was heißt inko?«, fragte er.

»Das hat was mit leuchtenden Augen zu tun. Ich habe eine Katze bekommen. Sie heißt Tamarin.«

»Super!«, sagte Julian. »Kann ich vorbeikommen und sie angucken?«

»Klar«, sagte ich. »Sie ist noch klein. Aber man kann schon mit ihr spielen.«

24.

Birgit Scheps

Weihnachten am Ende der Welt

Es war ein Tag am Nordpol, wie ihn wir Weihnachtsmänner besonders lieben: Draußen war es kalt, auf den Fensterscheiben bildeten sich Eisblumen, der Kamin im Haus
verbreitete wohlige Wärme und aus dem Stall hörte man
das zufriedene Schnaufen der Rentiere, die gerade frisches
Heu bekommen hatten.

Ich saß im Schaukelstuhl, neben mir auf dem Tisch
dampfte auf dem Stövchen der Glühwein und ich über-
prüfte die Listen der Geschenke, die für die Kinder zu-
sammengestellt und für die Bescherung in Säcke gepackt
werden sollten. Alles lief normal und gemütlich – Weihnachten konnte ruhig kommen.

Seitdem ich vor zwei Jahren meine Weihnachtsmann-
Ausbildung mit einem Diplom erfolgreich bestanden
hatte, führte ich ein ruhiges Leben. Dank des Computers
hatte ich die Weihnachtsroutine voll im Griff. Wenn es
doch einmal Probleme gab, so konnten meine Gehilfen
einspringen. Und nach den Festtagen gab es stets lange Fe-
rien, bevor wieder alles von neuem losging.

Ich schaukelte ein bisschen und wollte gerade nach dem
Glühwein greifen, als das Telefon klingelte. Es war mein
Chef, der mich für morgen früh dringend in die Personal-
abteilung bestellte. Mit der Ruhe war es vorbei: Jetzt
musste ich meine Weihnachtsmannstiefel auf Hochglanz
polieren, den roten Mantel ausbürsten, den Staub aus dem
Wollkragen wedeln und die Motten aus der Pelzmütze
verjagen. Außerdem musste ich auch noch meinen Bart
waschen und mit dem Föhn in Form bringen – schließlich

wollte ich ja einen guten Eindruck beim Chef hinterlassen. Mit all diesen Dingen hatte ich gut zwei Stunden zu tun, der gemütliche Abend war verdorben.

Bevor ich schlafen ging, sah ich noch mal nach den Rentieren im Stall.

In der Ecke des Stalls stand, noch verpackt, mein neuer Schlitten. Er war ziemlich teuer, hatte aber auch die superschnellen antifrost-beschichteten Rennkufen, verchromte Stoßhörner, eine mit einer Lamadecke gefütterte Sitzbank, eine vergoldete Weihnachtsglocke und eine automatische Rentier-Pausenversorgung. Damit würde ich bei meinen Kollegen und allen Leuten mächtig Eindruck machen – Hochtechnologie lohnt sich eben auch für Weihnachtsmänner.

In der Nacht schlief ich sehr unruhig, träumte von meinem Chef und einem Schlittencrash. Erst eine heiße Dusche und dann ein Glas Glühwein zum Frühstücksei brachten mich wieder in die gewohnte Form. Ich zog meinen roten Schlafanzug aus und die Weihnachtsmannkluft an, zupfte Bart und Mützenbommel zurecht und begab mich ins Ministerium für Weihnachtsangelegenheiten.

Mein Chef war nicht allein, neben ihm saß einer dieser sportlich braun gebrannten Typen, die einen so widerlich an Sommer, Sonne und Hitze erinnern.

»Ruprecht«, sagte mein Chef, »wir haben ein Problem. Wir brauchen einen jungen, flexiblen Weihnachtsmann, der sich auch neuen Herausforderungen stellt.«

Er machte eine lange, bedeutungsschwere Pause und beide sahen mich verschwörerisch an. Mir wurde mulmig.

»Unser Kollege Santa Claus«, er zeigte auf den sportlichen Typen, »möchte in den Vorruhestand gehen. Ruprecht, wir haben dich als seinen Nachfolger ausgewählt – Du wirst sofort nach Australien versetzt. Du bekommst Fördermittel für eine neue Ausrüstung, beeil dich, in vier Tagen geht dein Flug.«

Er drückte mir einen Scheck in die Hand, klopfte mir auf die Schulter und schob mich aus dem Zimmer.

Australien – ich hatte keine Vorstellung, wo das lag. Das Einzige, was ich wusste, war, dass es dort Tiere gab, die boxen konnten. Aber ein dicker Mantel würde das schon aushalten. Und meine Linke ist auch nicht von Pappe!

Wieder zu Hause angekommen, holte ich den »Atlas der schönsten Schlittenrouten der Welt« und blätterte darin herum. Australien konnte ich nicht finden, offensichtlich hatten die dort keine Schlittenstraßen, die zu den schönsten der Welt zählten. Ich stellte den Globus auf den Tisch und schaute auf die Erdkugel. Oben mein Zuhause – der Nordpol, dann Amerika, Europa und Asien. Von Australien keine Spur. Erst als ich mich bückte und den Globus von unten ansah, entdeckte ich es. Es lag gleich rechts oberhalb des Südpols.

In meinem Atlas gab es ein Extrakapitel über den Südpol und das dort alljährlich stattfindende Schlittenrennen. »Schnee und Eis ausreichend vorhanden«, stand dort geschrieben. Ich war beruhigt.

Noch am Nachmittag ging ich in ein Geschäft für Weihnachtsmannausstattung und besorgte ein paar neue Säcke, eine Bommelmütze mit Pelzrand, falls ich meine erste im Sturmwind Australiens verlieren sollte, ein paar neue gefütterte Stiefel und einen sehr dicken und gut gefütterten Mantel (nicht zuletzt der boxenden Tiere wegen). Der Scheck reichte genau für diese Sachen und ich konnte Australien ganz gelassen entgegensehen.

In den noch verbliebenen Tagen bis zum Abflug packte ich meinen Rennschlitten aus, baute alle Teile an, polierte ihn, bis die Chromstangen schillerten und glänzten wie Weihnachtsbaumkugeln, verpackte den Schlitten wieder sorgsam und machte auch die Rentiere für die Reise fertig. Außerdem lud ich meine Sachen in Kisten und brachte alles zum Flughafen.

Am Tag der Abreise wurde ich frühmorgens von meinem Chef angerufen, der mir gute Reise wünschte. Ich zog schnell meinen neuen Mantel an, setzte die Mütze auf und fuhr mit dem Schlittentaxi zum Flugplatz. Dort wartete schon eine Sondermaschine der »Weihnachts-Flugbereitschaft« auf mich. Ich plumpste in meinen Sitz und schlief gleich darauf ein.

Der Flug dauerte ziemlich lange, doch die Weihnachtsstewardess plauderte nett mit mir über meinen Rennschlitten. Immerzu gab es Pfefferkuchen und Glühwein und wir wurden sehr lustig. Das Flugzeug landete, die Stewardess schob mich die Gangway hinunter, eine Kiste plumpste aus dem Bauch des Flugzeugs und weg waren sie.

Im ersten Moment konnte ich gar nichts sehen, so hell war die Sonne. Ich stand ganz benommen da, und unter meinem Mantel und der Mütze bildeten sich große Schweißtropfen, die am Körper herunterliefen.

Was war hier nur los? Wo war das Polarlicht und wieso war es so verdammt heiß?

Ich wischte mit dem Taschentuch über meine Augen und sah vor mir zwei kleine graue teddybärenähnliche Tiere. Auch das noch – das waren bestimmt diese Boxer, vielleicht wollten sie sich ja auch an meinen Schlitten und die Kiste heranmachen? Ich ballte die Fäuste, winkelte die Arme an und war bereit.

»Hi!«, sagte der eine von ihnen. »Bist du Rupert, unser neuer Weihnachtsmann? Wir sind deine Gehilfen. Wir Koalas sind im Weihnachtsgeschäft unentbehrlich, weil wir klettern können. Du siehst nicht so aus, als ob du das gut kannst.« Sie kicherten.

Ich nahm die Arme herunter und fauchte: »Ich heiße Knecht Ruprecht. Und wieso muss ein Weihnachtsmann klettern?«

In diesem Moment kam ein Jeep herangefahren, meine

Kiste wurde verladen und erst jetzt fiel mir auf, dass weder Rennschlitten noch Rentiere zu sehen waren. Entsetzt fragte ich den Fahrer, was zu tun sei. Er holte sein Handy aus der Hosentasche und rief in der Weihnachts-Zentrale an.

»Der Schlitten und die Rentiere sind am Nordpol geblieben. Dein Nachfolger dort hat sich riesig über die tolle Ausrüstung gefreut. Na, hier wäre der ganze Kram sowieso überflüssig. Was willst du bei vierzig Grad Wärme mit Rentieren und einem Schlitten? Wir brauchen andere Transportmittel.«

Er fuhr los.

Erschöpft und traurig setzte ich mich auf den Rücksitz, ich hatte das Gefühl, zu schmelzen wie ein Schneemann.

Ein Haus aus Holzbrettern mit einer überdachten Veranda und einem Wellblechschuppen wurde mein neues Zuhause. Neben dem Schuppen stand ein großer Wassertank, ebenfalls aus Wellblech, auf dem tagein, tagaus die Sonne glitzerte und funkelte. Um das Haus herum gab es, soweit man sehen konnte, nur roten Sand, vereinzelt stehende Akazienbüsche, unter denen Kängurus den Tag verschliefen, und igelrundes Stachelgras. Der Himmel war wolkenlos und blau, und an Schnee und Eis, wie ich es so sehr liebte, war überhaupt nicht zu denken. Hier war Hochsommer – und das zu Weihnachten!!

Meinen schönen Mantel und die dicken Stiefel packte ich in den Schuppen. Die Weihnachtsmannkleidung, die man hier für mich bereitgelegt hatte, war ganz und gar nicht mein Fall: ein rotes T-Shirt, eine kurze rote Schlabberhose mit Gummizug und für die Füße Badelatschen mit roten Riemchen.

Ich zog die Sachen an, ging zum Spiegel und betrachtete mich: Von meinem einstmals beeindruckenden Aussehen war nicht viel übrig. Das T-Shirt spannte über dem Bauch, aus den schlabberigen Hosenbeinen ragten dünne weiße

Waden, meine Knie waren wie Knubbel und auch die Arme sahen aus wie bleiche Streichhölzer. Der Bart war strubbelig und verschwitzt und auf meiner Nase und den Wangen breiteten sich Sommersprossen aus!

Die Kopfbedeckung setzte allem noch die Krone auf: ein flacher Hut aus weichem grauen Stoff mit welliger Krempe. Von ihr hingen ringsum an Fäden Flaschenkorken herunter, die einem bei jeder Bewegung um den Kopf baumelten. Wie sollten die Kinder vor so einer Gestalt Respekt haben!

Für alle Fälle setzte ich doch wieder meine Bommelmütze auf und schob diesen eigenartigen Hut in die Hosentasche.

Auf der Veranda setzte ich mich in den Schaukelstuhl und stellte einen großen Kübel mit Eiswürfeln (wenigstens die gab es hier, wenn auch nur im Kühlschrank) bereit und versuchte, mir damit ein bisschen Kühlung zu verschaffen. Die Koalas erklärten mir die Liste der Geschenke, wir packten alles in buntes Papier und dann ging der Stress los.

Wir fuhren mit dem Jeep die lange staubige Straße entlang, um die Kinder auf einer Farm zu besuchen. Viel war nicht zu sehen, denn dichter roter Staub umwirbelte uns bei der rasanten Fahrt. Plötzlich bremste der Koala, der das Auto steuerte, und blieb stehen. Als sich die Staubwolke etwas gelichtet hatte, sah ich, dass wir inmitten einer riesigen Schafherde standen. Die Schafe waren überall, knabberten am Stachelgras und bewegten sich nur millimeterweise vorwärts. Ich sprang auf und ab, klatschte in die Hände, versuchte die Schafe mit einem Eisbärengebrüll in die Flucht zu schlagen, aber es half nichts. Die Schafe bähten gelangweilt und meine Koalas wälzten sich vor Lachen auf ihren Sitzen. Schweißgebadet gab ich auf und setzte mich. Sofort kamen Scharen von Fliegen, umkreisten mein Gesicht, versuchten auf meiner

Nase zu landen und verkrallten sich in meinem Bart. Verzweifelt wedelte ich mit den Armen und wackelte mit dem Kopf, doch es half nicht viel. Der Koala zog mir die Bommelmütze vom Kopf, griff den schlabberigen Korkenhut in meiner Hosentasche und stülpte ihn auf mein Haupt. Die Korken tanzten vor meinem Gesicht hin und her und plötzlich waren die Fliegen weg! Das war also das Geheimnis dieser Dienstmütze!

Endlich waren auch die Schafe weg und wir fuhren weiter. Es war schon ganz dunkel geworden. In Sichtweite des Farmhauses wollte ich meinen Weihnachtsmann-Ruf loslassen und mit der Glocke bimmeln, aber die Koalas hielten mir den Mund zu. »Pst, die Kinder dürfen dich nicht hören oder sehen! Wir müssen durch den Kamin in das Schlafzimmer klettern. Die Kinder haben ihre Strümpfe dort aufgehängt, damit wir die Süßigkeiten hineinlegen können. Wir werden ganz leise sein, damit die Kleinen nicht aufwachen. Erst morgen früh, am 25. Dezember, bekommen sie ihre Geschenke.«

Rasch kletterten die Koalas am Blitzableiter die Hauswand hoch und winkten mir vom Dach aus zu, mich zu beeilen und auch nach oben zu kommen. Nun bin ich zwar ein sehr sportlicher Typ – Rennschlitten fahren verlangt Kondition und Geschick – aber hier schrammte ich mir nur die Knie auf und kam keinen Meter hoch. Die Koalas retteten mich aus der Klemme, sie sprangen in den Kamin und öffneten mir von innen die Tür.

Als wir leise das Wohnzimmer durchquerten, blieb ich in einem Gewirr dort aufgespannter Fäden hängen und mein Hut fiel herunter. Auf die Fäden hatte man alle Weihnachtskarten, die die Familie bekommen hatte, gehängt – es war eine lange, bunte Girlande, die sich kreuz und quer durch das Zimmer schlängelte. In der Ecke des Raumes stand etwas mir Vertrautes – ein Weihnachtsbaum mit Schnee und Kerzen. Ja, es roch sogar ein wenig nach Tanne, fast so wie jetzt zu Hause. Ich berührte den Baum, doch der war nicht echt! Ebenso wenig wie der Schnee, der aus einer Flasche Schneespray stammte, die unter dem Tischchen lag neben einem Preisschild – Made in Hongkong. Die Kerzen waren natürlich auch nicht echt, sondern elektrisch. Ich würdigte diese plumpe Fälschung von Weihnachtsbaum keines einzigen weiteren Blickes.

Wir schlichen ins Kinderzimmer und ich sah die Strümpfe, die die Kinder aufgehängt hatten. Ich zählte neun riesige Strümpfe, aber in den Betten lagen nur zwei Kinder. Ich fand es eigenartig, dass so kleine Kinder schon solche großen Strümpfe besaßen, aber in diesem Australien war ja vieles eigenartig. Schnell ging ich zum Kamin und warf eine Hand voll Nüsse in den ersten Strumpf. Die Nüsse kullerten unten wieder heraus und prasselten auf die Erde – der Strumpf hatte ein Loch! Auf allen Vieren kroch ich durchs Kinderzimmer, sammelte die Nüsse wieder ein und warf sie in einen grauweißen Strumpf, der einen soliden Eindruck machte. Die Koalas hatten inzwischen die anderen Strümpfe gefüllt und holten jetzt die größeren Geschenke herein, die wir unter das Bett schoben. Nur ein buntes, mit Pferdeköpfen verziertes Paket, indem sich ein Sattel befand, passte nicht darunter. Ich legte es auf einen Hocker und wir verließen das Haus. Vorher nahm ich aus dem Kühlschrank des Hauses einen großen Schluck Whisky und ein paar Eiswürfel, um mich für die weiteren Bescherungen zu rüsten.

So wie hier kostete ich den Whisky überall und langsam kam ich in Schwung. Als alle Farmerskinder in diesem Landstrich beschert waren, freute ich mich auf den Feierabend. Aber die Koalas erklärten mir, dass nun noch weitere Geschenke verteilt werden müssten. In Australien ist nicht überall die gleiche Zeit. Es gibt mehrere Zeitzonen, und wenn in der einen die Leute aufstehen, können die anderen noch einige Stunden weiterschlafen. Also würde ich wohl am Tag schlafen müssen!

Doch daraus wurde nichts. Wir packten eine neue Ladung Geschenke in den Jeep und die Koalas legten noch ein langes, buntes Brett obenauf. Ich wunderte mich über nichts mehr, legte mich auf den Rücksitz und hielt ein kleines Nickerchen.

Ich erwachte vom Tosen der Wellen des Ozeans. Die Koalas hatten die Geschenkpakete und das Brett in ein Boot umgeladen und riefen ungeduldig nach mir. Wir fuhren aufs Meer hinaus und ich dachte: »Na, jetzt kriegen in diesem seltsamen Land sogar die Fische noch etwas zu Weihnachten.«

In der Ferne tauchte eine Insel auf. Der Motor des Bootes verstummte und ein Anker wurde ausgeworfen. Einer der Koalas hielt mir eine rotweiß gestreifte Badehose hin, der andere legte das Brett aufs Wasser und packte die Geschenke in einen Rucksack.

»Was soll das?«, fragte ich.

»Das da ist ein Surfbrett, du ziehst deine Sachen aus und die Badehose an, schnallst den Rucksack auf und surfst dort zur Insel. Da liegen die Leute am Strand oder machen ein Strand-Picknick. Sie warten schon auf dich!«

Sicherheitshalber setzte ich meine Bommelmütze auf, packte den Rucksack und stieg mit weichen Knien auf das Brett.

Die Wellen trugen es mit immer wachsender Geschwindigkeit in Richtung Strand, es ging auf und ab und auf und ab und ich hatte Mühe, mich auf dem Brett zu halten. Nur die Vorstellung, dass unter mir vielleicht hungrige Haifische lauerten, gab mir die Kraft und das Geschick, nicht herunterzufallen.

Am Strand waren alle Leute zusammengeströmt und ich hörte sie schon von weitem jubeln. Sie winkten mir zu und bellende Hunde liefen aufgeregt am Ufer ins Wasser und wieder heraus. Der Empfang war einfach überwältigend. Ich verteilte die Geschenke und man klopfte mir von allen Seiten auf die Schulter, ich bekam kühles Dosenbier und wurde mit Gegrilltem und Ketchup versorgt. Nur der Plumpudding war dann zu viel. Mir wurde ganz flau im Magen und nach einem letzten Schluck Whisky nahm ich mein Surfbrett und schwamm durch die hohen Wellen zurück zum Boot.

Ich war völlig fertig, doch irgendwie auch sehr zufrieden. Wir hatten es geschafft und alles war gut gegangen. Wir fuhren zurück, und als ich zu Hause in den Spiegel sah, erblickte ich einen müden, braun gebrannten sportlichen Typen – mich.

Auf dem Tisch lag ein Stapel Post und ein Paket. Mein Chef hatte Glühwein und ein Stövchen geschickt und wünschte mir Frohe Weihnachten.

Ich holte einen langen Bindfaden, spannte ihn kreuz und quer durchs Zimmer und hängte die Karten daran – Grüße vom Nordpol, von meinen Rentieren, von meinen Kollegen und Freunden.

Ich fühlte mich auf einmal wie zu Hause, zog meinen kurzbeinigen roten Pyjama an, setzte mich in meinen Schaukelstuhl, stellte das Stövchen auf und ließ den Glühwein blubbern. Ich träumte von einem neuen Surfbrett mit verchromten Kanten und einer voll elektronischen Haiwarnanlage, von einem Jeep, der über Schafherden springen konnte und von einer automatischen Strumpffüllanlage.

Auf dem Sandhügel neben dem Wassertank standen die Koalas, meine Helfer und neuen Freunde, und schauten in den Nachthimmel. Dort leuchtete das Kreuz des Südens.

Inhalt

Autoren und Quellennachweis

LASSEN BEINER, geboren 1949 in Bremen. Er verfasste mehrere Hörspiele, Gedicht- und Prosabände und schreibt Kurzgeschichten für Kinder. Der Autor lebt heute in Berlin. ›Brückenfahrt‹ © beim Autor.

ITALO CALVINO (1923–1985) arbeitete nach dem Studium der Philosophie und Literatur als Lektor. Seine Bücher wurden mit zahlreichen Preisen ausgezeichnet und in viele Sprachen übersetzt. ›Die Stadt, die sich im Schnee verloren hatte‹ und ›Der Wald an der Autobahn‹ aus: Marcovaldo oder die Jahreszeiten in der Stadt. S. 26–30 und S. 46–49. © Carl Hanser Verlag, München · Wien, 1988. Deutsch von Nino Erné.

PETR CHUDOŽILOV, geboren 1943 im mährischen Prostejov. Er verließ die frühere Tschechoslowakei, als er dort nicht mehr veröffentlichen durfte. Heute lebt er als freier Schriftsteller in Basel. ›In einer frostigen Winternacht‹ aus: Zu viele Engel, S. 41–48, © Carl Hanser Verlag, München · Wien, 1994.

HERBERT FRIEDMANN, geboren 1951 in Groß-Gerau (Hessen), lebt heute als freier Schriftsteller in der Nähe von Darmstadt. Er hat zahlreiche Bücher für Kinder und Jugendliche veröffentlicht. ›Das verlorene Weihnachtskind‹ © beim Autor.

JOSTEIN GAARDER, geboren 1952, lebt in Oslo in Norwegen. Mit seinem Roman ›Sofies Welt‹ wurde er weltweit zu einem der erfolgreichsten Schriftsteller. Auch seine weiteren Bücher sind allesamt Bestseller geworden. Für ›Sofies Welt‹ erhielt er unter anderem den Deutschen Jugendliteraturpreis. ›Der Adventskalender‹ aus: Das Weihnachtsgeheimnis. S. 7–15. © Carl Hanser Verlag, München · Wien, 1998. Deutsch von Gabriele Haefs. Von Jostein Gaarder sind in der *Reihe Hanser* ›Durch einen Spiegel in einem dunklen Wort‹ (dtv 62033) und ›Sofies Welt‹ (dtv 62000) erschienen.

Herbert Günther, geboren 1947 in Göttingen, war Buchhändler und Lektor. Seit 1988 lebt er als freier Autor und Übersetzer in Friedland bei Göttingen. ›Die Teufelsdelle‹ © beim Autor.

Rudolf Herfurtner, geboren 1947 in Wasserburg am Inn, studierte Germanistik, Anglistik und Theaterwissenschaften. Er arbeitet als Autor und schreibt für Zeitungen, Rundunk und Fernsehen. ›Nikolaus, selbstgemacht‹ © beim Autor.

Franz Hohler, geboren 1943 in Biel, lebt heute in Zürich. Er ist Schriftsteller und Kabarettist und schreibt für Erwachsene und Kinder. ›Der Schrank‹ © beim Autor. Von Franz Hohler ist in der *Reihe Hanser* ›Der Riese und die Erdbeerkonfitüre‹ (dtv 62021) erschienen.

Hanna Johansen, geboren 1939 in Bremen, lebt heute in der Nähe von Zürich. Sie schreibt Romane und Erzählungen für Erwachsene und Kinder. ›Soll man Weihnachten feiern?‹ © bei der Autorin.

Jan Koneffke, geboren 1960 in Darmstadt, studierte in Berlin; lebt seit 1995 in Rom. Er veröffentlichte Prosa, Lyrik, Essays. ›Schlittenfahrt‹ © beim Autor.

Klaus Kordon, 1943 in Berlin geboren, gehört zu den wichtigsten deutschen Kinder- und Jugendbuchautoren. Seine Bücher wurden in viele Sprachen übersetzt und mit zahlreichen Preisen ausgezeichnet. ›Zwei Tage vor Heiligabend‹ © beim Autor.

Marjaleena Lembke, geboren 1945 in Kokkola/Finnland, studierte Theaterwissenschaften und Bildhauerei und lebt seit 1967 in Deutschland. Sie schreibt für Kinder und Erwachsene Gedichte, Geschichten und Romane. 1999 wurde sie für den Deutschen Jugendliteraturpreis nominiert. ›Als ich Tamarin bekam‹ © bei der Autorin.

Chistoph Meckel, geboren 1935 in Berlin, studierte Grafik in Freiburg und München. Er hat zahlreiche Gedichtbände, Erzählungen, Romane und Grafikzyklen veröffentlicht, darunter auch einige Bücher für Kinder. ›Schneetiere‹ © beim Autor.

Tilde Michels wurde in Frankfurt am Main geboren. Nach einem Fremdsprachenstudium lebte sie einige Zeit in Frankreich und England. Seit vielen Jahren lebt sie in München, schreibt Kinder- und Bilderbuchtexte, übersetzt und arbeitet für Funk und Fernsehen. ›Das Snowboard‹ © bei der Autorin.

IRIS ANNA OTTO, geboren 1953 im Ruhrgebiet, ist seit 1987 freie Autorin. Sie schreibt Erzählungen, Hörspiele, Drehbücher für Menschen jeden Alters. ›Lauras Blockflöte‹ © bei der Autorin.

JUTTA RICHTER, geboren 1955 in Burgsteinfurt/Westfalen, veröffentlichte schon als Schülerin ihr erstes Buch. Seit 1978 lebt die freie Autorin im Münsterland. ›Mondgeschichte‹ © bei der Autorin.

BRIGITTE SCHÄR, geboren 1958, lebt seit 1988 als freie Schriftstellerin und Sängerin in Zürich. Sie hat mehrere Bücher mit Erzählungen für Erwachsene und Kinder veröffentlicht. ›Die Teeparty‹ und ›Die Eiskinder‹ © bei der Autorin.

BIRGIT SCHEPS, geboren 1959 in Leipzig, studierte Ethologie und arbeitet als wissenschaftliche Mitarbeiterin für Australien/Ozeanien im Museum für Völkerkunde zu Leipzig. Sie schreibt Bücher für Kinder und Artikel und Geschichten in Zeitschriften. ›Weihnachten am Ende der Welt‹ © bei der Autorin.

KARLA SCHNEIDER, geboren 1938 in Dresden, lebt heute in Wuppertal. Sie schreibt Romane und Erzählungen für Erwachsene und Kinder. ›Warum aus mir keine spanische Tänzerin geworden ist‹ © bei der Autorin.

RALF THENIOR, geboren 1945 in Bad Kudowa/Schlesien, lebt als freier Autor und Schriftsteller in Dortmund. Er schreibt Gedichte, Geschichten und Romane für Kinder, Jugendliche und Erwachsene. Für seine Arbeit erhielt er zahlreiche Auszeichnungen. ›Das Geheimnis der zwölften Tür‹ © beim Autor.

BARBARA VEIT, geboren 1947 in München, studierte Politikwissenschaften, absolvierte die Deutsche Journalistenschule und arbeitete danach als Redakteurin für die Süddeutsche Zeitung. Heute lebt sie in München als freie Autorin. ›Omas Zeichen‹ © bei der Autorin.

MICHAEL WILDENHAIN, geboren 1958 in Berlin, studierte Philosophie, Informatik und Wirtschaftswissenschaften. Der Autor, der mit vielen Preisen ausgezeichnet wurde, schreibt Romane, Gedichte und Erzählungen. Heute lebt er mit seiner Familie in Berlin. ›Der Kalender‹ © beim Autor.

Jostein Gaarder
Das Weihnachtsgeheimnis
Mit zahlreichen Vignetten
von Rosemary Wells

Reihe Hanser   dtv 62115

Joachim öffnet das erste Türchen seines Adventskalenders und heraus fällt ein beschriebener Zettel. Die Geschichte, die Joachim entziffert, erzählt von einer Pilgerreise, die in Norwegen in einem weihnachtlichen Kaufhaus beginnt. Jeden Tag führt die Reise weiter zurück bis nach Bethlehem zur Geburt des Jesuskindes. Immer öfter fragt Joachim sich, ob es das Mädchen, das den Pilgerzug anführt, tatsächlich gibt. Die Antwort erhält er aber erst am 24. Dezember.

Johann Hinrich Claussen
Moritz und der liebe Gott

ISBN 3-423-**62168**-0

Ganz zufällig – weil es draußen regnet – flüchtet Moritz in eine Kirche, nicht gerade ein Ort, der ihm vertraut ist. Dort trifft er eine alte Frau, die ihn darauf hinweist, dass man die Kerzen, die man in einer Kirche entzündet, eigentlich auch bezahlen sollte. Aus der ersten Begegnung entwickelt sich eine Freundschaft und die Frau erzählt von ihrem ganz persönlichen Verhältnis zu Gott. – Für Moritz ist das alles neu, er möchte gern mehr erfahren. Wie gut, dass es jetzt eine neue junge Bibliothekarin gibt, die viel über die Geschichte des Christentums weiß – und unheimlich nett ist!

Friedrich Ani
Als ich unsterblich war
Eine Jesus-Geschichte

ISBN 3-423-**62154**-0

Was geschah eigentlich, als Jesus mit 12 Jahren zwei Tage lang in Jerusalem verschwunden war? Friedrich Ani erzählt davon, was passiert sein könnte, er erzählt von Jesus und Rut. Jesus fragt sich, was mit ihm geschehen ist, seit er Rut in die Augen geschaut hat. Alles gerät plötzlich ins Wanken: Ist seine Aufgabe wirklich so klar? Wie ist es möglich, den Menschen befreien zu wollen, wenn man nicht versteht, was für ihn Glück, Freude, Trauer und Schmerz bedeuten – wie es sich anfühlt, Mensch zu sein.